太極拳透視

—眾妙之門・上卷—

2

陳傳龍——著

目錄

陳傳龍

字逸雲，江蘇海門人，1948年於上海高中畢業後，渡海臺灣就讀大學，經由公家考試，由政府分發就業。當時因身體羸弱，拜仙宗崑崙派　劉公培中為師，修習道功暨太極拳術，並於論經歌解深研太極拳理法。

現已年逾九旬有七，生活動作仍有如年輕人一般，證驗了太極拳不但是拳術，亦是養生之功。

為何太極拳難以有成

太極拳的令人覺得艱深難明，難以理解與學習，主要原因由於太極拳在作用上反乎一般觀念中的拳術與運動，反乎一般世俗的觀念與認知。一般觀念中的拳術與運動，都尚快而有力；太極拳則求慢而不用力，在本質上、本性上不但不同，更是完全相反。由於以一般世俗的觀念，以一般拳術與運動的思維思考與學習，以致困惑難明，勤學苦練數十年，仍難有成就，而致枉費工夫，凡太極拳的難成，無非都是由於此一原因。所以先輩陳鑫氏言太極拳云：「非世之以拳為拳者比也」，即言不能以一般世俗觀念中的拳術思考太極拳，這關係著學習太極拳的成就與有無，值得深思與探究。

但太極拳既是拳術，卻求慢而不用力，何以有拳術的作用？豈非是緣木求魚？所以要知拳術有外家、內家之別。外家拳求快與力，是有形的肢體面的拳術，求有形的肢體動能；太極拳是內家拳，慢而不用力，是棄有形的肢體動能，修習內在意氣，乃是內勁，是以內勁為體的拳術，而有內勁與外力之別，二者在作用與意義上完全不同。由於要有後天的傳習，所以難為人知。十三勢歌云：「若言體用何為準？意氣君來骨肉臣」，諺云：「外練筋骨皮，內練一口氣」，即都言內家拳之本體是內在意氣，而非外面形式。先輩孫祿堂氏云：「拳術之內勁，實為人身之基礎」，也是言內家拳的本體是內勁，而非外在形式，在實體上二者是完全不同的兩件事。

太極拳流傳至今，輾轉相傳，由於內練之功難為人知，多以外在姿式為太極拳，以致空無所有。既無拳術的作用，也無太極拳的養生之功，只有形式而無太極拳，更由於多為外在姿式的觀念所誤，認為太極拳是外在套路姿式，作用在於外面的姿式，一定要比對一定樣式的姿式，才能有太極拳。由是專心專意比外面的形，以致成了空有形式，而致枉費功夫，是太極拳難以有成的一般情形。因此各家先輩宗師都有「太極拳不在外面姿式」的提示，提供學者參考探究。

陳傳龍 | 謹述於臺北
2017年10月28日

師父—陳傳龍老師

我們敬愛的師父陳傳龍老師，字逸雲，江蘇海門人。1948年於上海高中畢業後，渡海就讀臺灣中興大學森林學系。

大學畢業後，經由公家考試，由政府分發就業。老師一開始是在生產天然樟腦的公司服務，在當年，菸酒、糖、鹽及樟腦是四個專賣的公營單位。因為國外發明了製作成本較便宜的化學合成樟腦，導致臺灣原木樟腦價格遽跌，供需榮景不再，最後公司被迫關閉，而原先在樟腦公司編制內的同仁，皆陸續被分發到其他單位。也因此，陳老師在這個時候由樟腦公司被編派到菸酒公賣局。

「那個時候，我負責在樟樹林的分布圖測定面積，要非常的專注，林界線條不能稍有偏移，可能那時候在測定時經常憋著氣，身體因此就搞壞了，一米七一的身高瘦到僅僅五十公斤左右，每個人見到我都問我是不是病了，怎這麼瘦啊！」老師回憶起當年身體並不強健。初到樟腦公司不久，聽說南海路、重慶南路口美國新聞處有名家表演太極拳，下班後他也跑去看了，看了之後對太極拳這傳統武學學問產生了興味，隔天起早便跑到植物園到處繞繞，看了幾個不同團體打的太極拳，就選了個自己看起來喜歡的架子學了，那時一開始練的是楊家的拳架，就這麼開始練了七、八年。但還練不出什麼作用來。這時有個同事也在練拳，陳老師好奇問他：「你認為當今拳打得最厲害的是誰？」問了幾次，同事默不作聲，禁不住他再次好奇追問，同事才緩緩回答：「是我的老師－劉培中老師」。劉培中先生乃為道家仙宗崑崙派一代宗師（1883年10月19日－1975年4月9日），自幼學習道，精道功拳與劍，曾任職欽天監。1949年隨中華民國政府播遷臺灣，其後在臺創立崑崙仙宗。光緒十八年（1892年）5月14日，以神童膺選入京，至清宮懷仁堂天象學府習天文，後兼及靜功與慈禧太后陪修太極拳術。光緒二十二年（1896年，14歲）2月受李姓道長之命，跟隨梁仲銘學習太極拳。

陳老師憶起當年第一次去聽劉培中老師講道，台下道友滿座。他曾聽說，劉老師眼睛泛淚地告訴大家說往後不再教太極拳了，因為真心想練拳的人太稀有。第一次遇見劉培中師爺，陳老師說師爺跟他手一握，他彷彿觸電的感受到源源不絕的一股飽滿又虛杳的能量朝他手上湧來，師爺握了他許久，一點沒有想放手的意思，一直到他心裡一想放開，師爺也即刻鬆開了手。當天，陳老師正巧有機會送劉師爺回家，那是一棟約莫三四層樓透天的房子。也因此陳老師知道了師爺的住處。而初見面這一握的震懾，也促使陳老師心中熊熊燃起的學拳的熱情，在幾天後他騎著腳踏車，獨自一人又到老師住處。但家裡的管家告知他師爺不在家，陳老師不死心在樓下等著，等了一陣子，心急地問了幾次都還是說不知道何時回來。過了許久，陳老師突然瞥見師爺的身影，其實他是在家的，馬上攔住師爺，直愣愣地跟師爺說：「我想拜您為師，跟您練拳。」師爺見其誠心，也不阻攔回絕，就轉身帶他上樓上的佛堂。香案上幾尊道家佛祖莊嚴相，劉師爺燃了幾炷香，對著道祖焚香禮拜，而同時讓陳老師在三拜九叩的大禮下，正式收他為徒。

拜師之後，劉師爺看他演練的拳，搖搖頭，說這不是真的太極拳。隨即指點他太極拳是內家拳，重內功。劉老師首先教他守關竅及九轉。練了二、三個月之後，有一天陳老師靜坐時突然身體氣動起來了，他不明所以、嚇了一跳，當天晚上下班馬上跑去見劉師爺。猶記得那天一去，劉師爺正在書房伏案寫字，一聽他說他靜坐時身體動起來了，師爺停下手上的筆，一抬起頭，很高興地呵呵大笑連連點頭讚賞說：「不得了啊！不得了啊！」旋即告知他靜坐時身體氣動的原因，並給他更進一步的指導。陳老師又繼續請教，仙宗裡頭功法多樣，各有其效，那接下來他需要再多學仙宗裡的其他諸多功法嗎？怎知師爺搖搖頭說：「不用不用，多則惑，少則得，這個已經很夠了，專意凝神是最重要的。」並又教他仙宗裡重要的「體系」，如何在身體裡頭將氣運行，使得氣於周身靈活變化。在一生奉行劉培中師爺當年的指示，加上自已精研拳學多年以後的今天，老師也肯定了當年師爺要他專心著意守竅及不戀棧多學功法的純粹教導，大道至簡，此之謂也！

老師說靜坐是養氣，打拳是用氣。有人問練習時到底是要先靜坐再打拳？或者是先打拳再靜坐？老師以為其實都好，都是在啟動內氣，有了內氣，行拳或打坐就有內在底蘊，真勁乃生。

2017年4月25日陳傳龍老師口述，黃珍映記錄整理

太極拳｜透視｜

1995/4/27 —— 打拳練功還是在於氣勁之變化，腳要有根，始終保持有變化之空間，有變化就有化發之機，此即內勁沾粘之功。能「變」為唯一要義，太極拳是變異不拘的，能變就能通，在保有變化空間之中含有承勁（承者是承受、承接），曲中求直之勁，即是掤勁，是一種鬆柔的承勁，是太極拳的基本勁。

以鬆化兩肩來練，可增柔化之功，使勁曲蓄而有餘，使變化的空間很大，有變化空間就有曲中求直之勢，隨處可化發。變化之根源在腰胯，腳要有根。

保持手臂動中求不動，均可發勁。

4/28 —— 動時兩肩保持不動，以使上身全空，而成上空下實。腿與地沾粘，此為練功。此種練法無動不是發勁，若有勁挨我某處，我即以腿勁發之。擊發時原來之阻點（接觸點）要完全不動，而可不為人知，是否成功及優劣全在接發的思想是否正確。

上面肩手保持沒有動作，下部心意想著兩腿在地上拖過，腿在地上拖來拖去，好像臀與腿跟地在推手似的，就可加強上空下實，鍛鍊腿勁。

用手搭人為探人虛實，反之亦為人探，明勁大家有感覺，如硬攻或硬發其明勁則一定相頂，故相接處的明勁不發，即所謂「原路不發」，用我之暗處忽而擊之，令彼措手不及。

4/29 —— 保持兩肩不動，使肩勁下沉。兩腿拖地而動，與地相接相粘。

5/1 —— 無論是搭手或走架，都要鬆開，鬆開後可用趴藏發彼。如身有僵硬處即是錯的，即為人可乘。

走架如果想著架則必無從鬆柔，而是要想如何用功法變化己身，要練己身之變化，要想到身之如何變，不是架之如何變。架之變由身之變產生。

5/2 —— 只要肘肩保持不動，僅腰胯動，則無動不是發。凡用趴動均是肘肩不動，故以趴發效果好。

走架全是求各骨節間之互動，使之靈活無比，變化多端，如此乃為練拳，非比形式為練拳。比外形成了空比形式，毫無意義，不言可知。

5/3 —— 全身之勁要均勻分布，不均勻必有硬處，故要使之均勻，能均勻而能鬆，動時以腿拖地即能均

匀，身自鬆。

5/4 —— 走架練拳是在練腰胯之活動，非形之變化，太極拳的功夫說穿了就是腰胯功夫。練時腰、胯、檔儘量放開放大，以拉長筋，要作如是練之想。如以心想在走形式，則情形完全不同。心在練腰胯和心在走形式二者完全不同。練腰胯之同時，將兩肩鬆開至腰，則更完備。

5/5 —— 三虛一實（一腿實，另一腿及兩臂均虛）之練習，不要注意形，要專注變動虛實，右腿實時左半邊會鬆，變換時以右上半身之重力交向左腿，變成左腿實，右半邊虛。如此互變，以作動之主軸。

用意發人是可發得出去的，要有信心，因意一動，身上氣勁即動，兩人相搭必成相頂，力雖不頂意在頂。頂處為明勁不發，如發即敗，以暗處發之即中。

鬆時鬆半邊身才鬆得透，如左右都鬆反成雙重。

欲求鬆，主要在鬆胯，以綿綿鬆胯而動，上身很鬆，以鬆胯配以腿在地拖更佳。

每動先鬆，日久可彈人而出。鬆腳可使上下全鬆，人一挨我就跌出。

前述在頂處發即敗，乃因在發時有手勁為人所能知。如在頂處絲毫不動，用腰胯發亦可出其不意發之。在頂時自覺敵勁已與己腰相接，即猝趴發。

用趴發時最好先鬆腳，發其可發處，以意一找到即發，如稍滯則為高手所知，宜即另找他處發。發之之時，我也有一定之勁與其配接，而產生一定之發勁方向。我配接之勁不同，發的方向自亦不同。

5/6 —— 走架練習以腰胯打人，使腰胯檔圓活，能圓活則何堅不摧！不練有力，練圓活，能圓活，使彼之力無所施展。

其必攻我腰脊，吾以腰胯化擊。如不克化中有擊，則在走時不專注於走，應在走中覺其缺陷，覓機發之，或以胯吸之，或順勢吸之向後攌，不可用手，要用胯的動作攌。

如若其勢中正不動，我以力引之使之生明暗，明察其明勁，以暗處抱擊之，抱後加趴，趴後吸而承。

發勁又可以用「及」，即以我某部及於他之虛處發之，用及之之意。或似被彼吸引而去發，被其虛處吸引而去，如此可輕而不為人察知。有時可在肩手相接時，我肩手寂然不動，以相接之外之身撞去，也是發。

5/7 —— 以氣迎敵身乃柔。

搭手須有化攻二意，不可只化或只攻。

心中只用自己一半身為實，另一半身不用即可空鬆為虛，乃能變化靈活。

身似一浮木。

5/8 —— 以鼓盪打拳。

以尾閭為根，與踵相連而動，尾閭要先動大動，大開大放，使之為動之主導。動中要有定勁。

鬆半邊身，只鬆半邊身才能鬆開，如全體一起鬆下，則雙重不靈。半邊身鬆互換，則靈活。亦即只用一半身。

一切發以氣以呼吸為發，則身未動，人不知我，故發要以呼吸為之。

搭手要以你左來我右出以搶勢，不可只知化。化與搶勢要融為一體，你搶左勢我就要右勢，互動時擊時以勢為根。

發勁有個「留」字，就是以某部留住不動，如留住胯，藏中帶留，留住身某部分，以其他部分擊，則可身穩勁大。

每一發都要以探人虛實之心才有發，想到自己不是在發，而是探其明暗，明其虛實。

在發勢不得機時，以胯向地下按（向前之發），或向上鑽（向上之發），即可得機勢。

5/9 —— 動中只有鬆沒有動，故未動先鬆，一鬆自動。鬆要鬆半邊身才能真鬆。動時以呼吸代用力即可鬆，呼吸是內呼吸。

氣行兩腿中為真，以湧泉配合腰部呼吸，或以臍呼吸與湧泉相合。「留」要留腳跟，動中有留在地上未動之心。

5/10 —— 只要半邊，放棄另半邊，左右互交換，所謂「**妙在一氣分陰陽**」，兩腿讓人坐又何妨（是一種意勁）！讓其坐上的下一步就是發。

不能專以一胯應對，當一胯被攻壓迫時，要轉化時即將意移至另一胯，以變換虛實改變形勢，如一直死守一胯粘化，則正中其意。猝變至另一胯，讓其落空。

非一定要有承接而後始能發，如無承接，相頂時只要用胯下縮之勁代無承接發之，即不用承接，發時以縮即可。

兩人搭手似在走棋，以我棋與彼之棋互作攻守。

太極搭手時之心理，一種是全神在手聽其虛實，一種是手在搭到後，神注意胯之擊發，因為搭手目的主要就是以腰胯擊人。

發無需一定要有蓄勁，用鬆縮就是，因鬆縮已在蓄勁，蓄發一體。

5/11 —— 要變動就用腰胯扭轉之勁，全是內動，無直線之動，完全在腰胯之旋轉，身體其他部分保持靜止隨動，再加上肩頸鬆化，腿在地上拖行，則上中下都有了，身法已備，周身一家，在走架中練。

發勁以心想用腰打腳跟亦可，但要以腳留在原處不動之心。走架動作時亦應這樣，以訓練發勁。

搭手雖以手相搭，但一心想著以腰胯擊發，如未蓄勢，則以下縮之勁前發，如人衝來，我請其坐後以腰胯發，發時不是向前衝，而是用勁向腿中縮。

5/12 —— 在被制時以變化胯解除，人不斷制，我不斷

變，用胯變，鑽其空隙收效大。變以尾閭領先變快速十倍，尾閭鑽其腰為發。

人制住我成相頂時，鬆就是發，因鬆亦屬變，變開其頂處，使其落空，故鬆乃發。

走架練全身氣勁之流動，鬆柔中要有氣勁流動以練內勁。

1、求內勁變化，以筋與骨節相錯來做，此全是以意來運作。

2、鬆化肩頸使上空下實，腿拖地，拉開檔胯之筋，以胯擊人。

3、明勁暗勁，實者虛之，虛者實之為發。發時輕輕以發處向彼虛處摸其實，用意來做。

4、練身之變化不練架。

5、全身勁分布均勻。

6、用意發人是可發出的，要有信心，因用意就已用了內勁。

專練鬆身，招式均是練柔身。先鬆一胯即半邊身已鬆，走時即要求鬆身不斷，綿綿鬆柔，於是氣勁在全身一致流動，以腰胯帶頭動，勁在身內相錯交流，如此鬆身是很好的。

不要想走架，一想即生僵，要想求鬆，這樣鬆身那般鬆身。胯分左右，先鬆腰胯才能鬆身。

以臍呼吸使氣下行二足轉圈，例如由左腿下行通過地從右足向上轉圈，可反向互轉，或前後上下轉，腳會發熱。此全是以意行氣，練氣勁。

一發不成，連發第二發，要在他處，不要在原處。凡向前發即用向後縮。如用膝前發，心中即有將膝後縮之意，腰、胯發均同，此乃啟動內勁之妙訣。

以腰來動胯，左右胯互換時，以腰動胯較順較柔。

5/13 —— 搭手兩勁相接時，以明處（僵頂處）鬆開後以抱發之，以鬆開為主抱為輔，用抱之心，即是為了鬆身。

兩胯虛實交替要以一路鬆放相配，並加以單腿拖地。注意虛實（全身）交替變換，一定要分清明暗，不可渾然一體。明暗即虛實，虛實即陰陽。

將敵勁引上我一胯，待實後即用另胯擊之（變換明暗）。當被制於一胯時，即變換以另胯為實，發之。

5/14 —— 只用半邊身才能鬆靈，用使用之半邊身呼吸，於是走架時舒暢自然，由於有了虛實，使用的部

分是實，未使用的部分是虛。此時練兩胯互相配搭擊人，單腿拖地，兩肩鬆落。

與人相搭，人不外攻我腰脊，故我以意留心腰脊順化，使之無法捉摸，將其力引至我一胯使之實，再換胯擊之。

擊發時以鬆開我陽處（實處），以陰處（虛處）發之，不用前進，以鬆開陽處擊之即可，保留在原處不要前進為要（因已相接好），即以鬆開我陽處就地擊之，使一氣不斷。

如接住其陽處以我陽處擊之，則要在接定後用趴擊之。

彼擊我都主攻我腰椎，故我要化轉腰脊，以上下游動以化之。

搭手時，若人未向我攻來，我將人力引到一個胯上，待機擊發。

5/15 —— 每一動均要「背勢轉順行」，此中有陰陽虛實攻守開合，求轉順時胯腿要儘量求鬆。攻向人時以趴抱輕輕撫去就可，即心中以胯輕輕撫去，腳要「留」方有根（留在原地不動）。

5/16 —— 無絲毫之動，要以求鬆為本，故曰「未動先求鬆，一鬆自動」。鬆時鬆半邊身，先鬆一胯，同時鬆腰，要使胸背各處全不僵硬。鬆時想著將胸背所負重力全部鬆開下落，不使在我身上，卸去周身骨肉，以增進鬆柔之功。

要鬆開身體除只要鬆半邊身外，不能用鼻或上身呼吸，呼吸要在單腳、單腿，不可在上身。有時可用脊、腰椎與腳配合呼吸，依勢不同而變換。

5/17 走架可以練每動都是以胯擊人之想，而兩手只是輕輕抬起而已。手雖在上，而意須用胯擊發，雙肘在上不動，養成手雖在上，以胯在下擊發，慢快均可。發時用趴，即可使上身鬆柔，腿上有力。

5/18 —— 只要半邊身，重心繫於一側，左右互換，用何處以何處呼吸，動作與呼吸互為一體，如此十分鬆靈。

5/19 —— 走架是一路鬆過去，向這個方向鬆、那個方向鬆，只是鬆下去，不要用動的，動就有力。一面鬆一面順勢呼吸，深長呼吸，很自然舒暢。不要亂動，

要養成習慣。故練拳要養，如此功力猛進。鬆要鬆得很細很微很靈，要有力向下沉之感。

肩卸千斤重，腰瀉萬噸沙。

玉漿綿綿下，踝塌腳生根。

動一定要繫於身的一側，即用半邊身，才能鬆得透，且能靈活，主要在左側或右側，動時在兩側互換，好像搖旗桿上的旗，一側是旗桿，身是旗，力在一側，則我全身皆空。

人擊我，我不能只化，應同時側身向人身上抱扶，似防其跌倒似的，此可將人擊出。

5/20 —— 發勁若以氣由腰椎下貫亦可發出，這樣上身最鬆靜，可不為人知。

搭手時心中以請彼坐承接最佳，讓彼坐在我一腿上之想，使我另一胯落實，以逸待勞。即以臂與人相搭，意在一面引其上坐，一面注意其猝勁，如有猝勁即猝然引其上坐，並以意抱扶其身，故此時意分二路。

如遇對方有力，即以一手用勁掤接之，此勁僅臂上有，乃假勁，其與胯勁不相連為一貫，真勁乃在胯上請其坐，承之接之待機之中。此時勁有一真一假，假勁隨時可變無，如其認為我假勁乃真勁而壓來，則我猝然放開假勁，以真勁處理之。

鬆必以鬆放半邊身才能全鬆，走時隨時找出未鬆處鬆放之。

呼吸運勁宜與鬆相配合，即用筋與骨相錯行呼吸運勁，在鬆開中進行相互配合，故曰：「以氣柔身，以柔行氣」。

在走架中一路在鬆放，切記其中應有趴抱等意想。尤其氣勁翻滾甚實用，其中有圓存在，此種種中，要有圓之存在為佳。

5/21 —— 鬆半邊身時氣在脊椎兩側上下走，身才鬆，如橫拉就亂，生出拉扯之力，故氣只能上下走或旋轉。

要認真用腰胯挪移，肩臂不動，以下面腿來作伙伴來挪移，意形成上尖之三角形，愈在上愈不動，似頂與肩背被向上撫拔而致不能動似的，好妙！則全在腿，腿在呼吸，一切動靜在挪移，但半邊應鬆開，要練到樣樣都顧到。

掤是承接來力，為根本，其他勁中都要存此勁。

其他各勁只是加上方向而已，但仍有掤（承接）之意，無此即失根。

5/22 ——

1、前臂要重，肩要鬆。

2、內氣也要鬆散開，不能鼓。

3、檔要大（大到最大），要圓，不可僵硬。

4、**騰挪**—乃將動未動之勢，與意動身不動、準備動尚未動相符合。動乃要動腰胯，不是走形。

5、在應用時還是在應用內變，即內勁之相錯扭旋，即氣之運轉。此之實行，要想像與頂尖高手過招，以腳為根，腰為主，氣勁要轉順才佳。以此為本，其他功法配合之。

意識要在將發未發之狀態，或可說在假作發勁之勢，則全身內氣盤旋不定，可通順氣脈。

5/23 —— 我練時腰胯動得還不夠，周身亦欠一致。如心中不在動腰胯，而是用頭頂及肩的力量催動腰胯，頭頂在原處不移動（意），則腰胯可動得完整。由是上身不動，形勢就不一樣。此中奧妙，誰又知道！

力似由頂而下，催動腰胯，命意源頭似乎不在腰而在頂了，此種情形要心想出來，則我可用心來走架了，事實亦是如此。用心想，力似由心發出。

退時以請坐，進時以抱扶，很有效。

5/24 —— 與其動，不如用趴，一定要用趴，用趴的力量來動，不可用動。趴時以運氣為底子，與柔、拖、貼等接合，心裡不能想到去動，只是想做好功法的接合。

在腰胯運轉中，以兩臂調整身體各部使完整一體、平正均匀，如此更可使身體各部鬆靈。

主要在使腰胯帶動周身一致變動，全身骨架要保持端正，勿扭曲變形。

5/25 —— 太極拳動就錯，動是毒素，一動即僵，要去之。動時要以鬆、趴、吸（呼）等法而動，非一般之動。一鬆就有趴吸，或一吸就有鬆趴，或一趴就有鬆吸，三者合一而練，再加拖，用半邊身等。

如以柔腰胯而動（非動而是柔腰胯），則身鬆。

以柔腰胯鬆上下，則氣充腰腹，自生呼吸。走架時心中千萬不能走形，而是在柔身呼吸，則全在呼吸，不在走形，總之一切都要配合而合一，則完善。

練圓珠在腰間轉動，以化人之快擊（連續）。轉時意氣連通湧泉。

不是呼吸，是開合，呼吸附屬於開合之中，一開合即一呼吸，開合鬆趴為一體。開合中有鬆趴，同樣鬆趴中有開合，三者互合。開合是身體之放大與收小。

5/26 —— 不是動而是呼吸，不是呼吸，而是開合鼓盪，加以旋扭。開合以腰胯上下開合，有如幫浦，將氣充溢四肢，則內氣充沛強大。

5/27 —— 要以腰腹開合呼吸，先要鬆放腰腹為著手點，否則難以順暢。腰腹一放一緊，就是腰腹一開一合。

只活動腰椎或脊椎，讓敵無從攻擊我腰脊，因敵攻的無非是我的腰脊，我要使腰脊中之氣勁十分活潑，不讓其擊到。

5/28 —— 只要身之一側，才能真正鬆開，如只將脊置於正中，則反而呆滯（以脊合一側為宜）。以頂導引腰胯動，則腰胯動的幅度大，身體可一致，全身一致不會亂，否則身體一動就亂，即使先動腰也不行，

全體要平整均勻才是鬆，不可有任何一處特殊（硬僵）。使氣在全體分布均勻，則敵難知我在何處。

腰卸肩頸力，練習以腰卸去肩頸之力，敵迫擊我，雖接點在肩，但要以腰卸肩上力乃能徹底卸去，使其落空。練時非僅只挨擊而已，應有陰陽，即化以外同時出擊其弱處，故與其稱為化，不如稱之為擊，故在化時一定用趴扶，內含發擊。

5/29 —— 走架乃柔身，動時非動，乃是柔開身體僵的部分，都是如此，此應列為不用再去想的基本要領，所謂柔不外一鬆一放。

今天以腰腹放鬆，不但在腰腹鬆放，更要放大至全體，尤其是僵硬處，如此一做即真氣強大發動，其根全在臍。腰腹開合，臍在呼吸。

氣要通過足底，甚至地下，迴旋至腰腹。氣不甚通達，要多打通之，並向下吸地氣。

縮—我站立時人推我，即向下縮，以求柔，下縮至足。故在走架時之各姿勢中都要如此，使身上之力全都縮至腳跟。

進退時用頭頂之力較順，顧盼時就不好用。氣要從兩臂兩肩向腰胯落，此時若心中已有想好轉動之方向，氣一下貫即可轉。

非動，全在柔，但不要亂柔，要找硬處柔，將氣分布均勻以為底，其他功法加入之。

與高手過招，意動身不動，將展未展。用挪非用動乃可柔，找僵處柔、縮，將力縮至足。只要一側，以頂使胯，腰卸肩頸力，動中加抱扶、請坐。意分陰陽，以臂虛掤胯實擊，全身氣要均勻，鼓盪相錯，內變為要，兩臂調身，不是呼吸，乃是腰腹開合，一鬆一放至全身，乃擊非化，氣由足底轉過。

5/30 —— 走架研究身體如何柔，柔何處，非比形。

初學者，以開檔、扭胯、鬆肩三者合一，即可練好。

5/31 —— 內變一定要變，以腰為軸，氣為旗。

強化柔功，動中以柔為本。柔中要有攻之意在，不可只柔化，柔中力求中正搶勢，乃有陰有陽。

要柔，無僵，勁從脊中走，脊合身之一側，合左側或右側互換。

15、太極拳所謂的呼吸，是內在意氣的內呼吸，「意氣須換得靈」即是呼吸，非以口鼻呼吸外在的空氣。

16、用口鼻呼吸空氣作丹田呼吸，要真正的用丹田呼吸，且要舒暢自然，方不致有危害。不可用胸部呼吸。

用口鼻作丹田呼吸能產生內氣，功在以神意注意呼吸，由神意所啟動，非空氣可以變為內氣。

6/1 —— 以腰拖地，而至以身拖地，則全身一致，要靈活，以身之兩側互換變化求柔，感到全是整個身體在動、在柔。

搭手發時，可以身之任何一個關節發。任何一個均可，發時可任意取用。

發必以縮，非前衝。

要認真！要認真！要認真！真對敵，真擊發，真用力（全是意）！認真神才出，才是真練。

發時不要一發即止，要想到不是發一下，而是二下，還有下一發。以第一發是為下一發作準備之心，不一定真有第二發，此可穩身柔身。

6/2 —— 以氣柔身，如想動時即不動，交與氣動，即可柔。動乃毒素，必僵，要有動而不僵之法，才是真練。

腰能動的只是扭轉伸縮，故要動也只是這樣動，用腰腹一鬆一放，則真氣發動。故如氣田，想鬆腰腹，真氣也就充滿腰腹，故云：「腹內鬆淨氣騰然」。

練氣在身內上下左右轉動，十分重要。身內氣滯時即以轉動來解，最好轉動時通過足底，以吸地氣，以穩跟勁。

外形是外架，氣在身內轉是內架，內架才是本。

若以臀部拖地，則兩腿感到吃力，以練腿勁，才是真練。

6/5 —— 走架不可想走形，如想走形則流於形式，必僵，必無太極拳。走架時的身法要練內在功法，要求柔身，要怎麼動怎麼柔，例鬆肩、坐胯、塌腰、涵胸等。走架時不是求動的，而是求柔，以柔來動，如一動即僵，都是錯的。

給人之勁要給假勁，得人之勁要得真勁，如給人真勁，則已為人知，我變化亦為人知，難制敵。讓人得我假勁，我以真勁擊之。

藏不但藏胯，要藏周身之勁及氣，要柔必要有藏。

給人假勁，真勁內藏。

發勁必以縮，以縮產生內勁。

要有內架，即內氣之變不可無，是真正的拳架。

發勁可以一個關節來發。

非純柔，柔中要攻、搶勢、搶機。

不可一發即止，要用作下一發準備之意，式式均求，以求鬆身站穩。行氣不可生僵，氣走骨內。

6/6 —— 練拳是求周身整體的變化，整體的柔，肩臂不動。作外形的變化是空走形式。

6/7 —— 柔以外更要注意全身上下勁的平衡均勻，身內不可有任何感覺，如有即是僵硬處，要鬆放之，即是要「全身透空」。太極拳要細心練才會有。

6/8 —— 凡動還是要以「背勢轉順行」，其中含有攻守，最為實際。

「拖」算是很實用，拖時可兩肘不動，則勁可上下一貫。以頭頂之力（頭不動）催動腰胯，連及臀腿拖地。（拖：以臀腿拖地）

以足為根扎住在地，全身柔綿，不讓人推倒。

以頭頂催動下盤，兩腿活動要廣要活。

精神之我向上飛升，脫離身軀，如此周身平正鬆柔。

6/9 —— 走架換勢都要「背勢轉順勢」，要力求鬆柔，不懼人推。要向柔處求，更進者要將氣轉順，無柔不成剛。

6/10 —— 鬆，要鬆腳跟，腳跟一鬆全身都鬆，則成彈簧力，不可只求鬆腰胯或某部。

走架要練柔綿之勁，以增強練內變之強度和變化靈活度，此為練體之根本。

如只走外形，乃是十分可惜的。要自明是否是只在「走」，沒有拳。

全在內變，外變是促動使內變，功在內變。

發勁如用腰向後腿縮來發，身前進之距離就少。如以前胸向下縮則腰胯前移距大，即可發人較遠。如以脊椎向後腿縮，則前移度亦大。

6/11 —— 不移不動，在原地原形求內變，外變自生，本是如此，何必走形式？！由是可知，走形式只是走形式，非太極拳。

心想手與身分隔脫離，則勁反可到手，其時身鬆開，勁就到手。同樣五心與身分離，則全身氣動，此均是由心中的意想產生。五心者，掌心、足心、頂心。

練拳不找虛實，白費時光。要應對對手，必以虛實。故自身先要有虛實之分，即陰陽之分。

出擊時要運氣於掌、於臂，何處出擊，運於何處。

6/12 —— **鬆身變勢**—在相頂不利時用之極佳，走架時如專心練此，功日日猛進。

一般在不利時均為硬抗，應鬆變，即可化背為順。在走架時可假想在不利時即鬆變，鬆變主在內變，在原地變化，外變雖微，內變已化盡。用到外變時，應以用腰胯處理為要，鬆變中含有軟綿縮小巧；在內變時，勁要起於腳跟不可亂。

發時用吹固好，但不能向前吹，向前吹跟浮氣向上並不好，不可練。氣要由腰脊向後吹，也可將人發出，真是想不到。

只要精神不要身，對身體不負責，任其去。「外其身而身存」《道德經》語。不要身，身才能柔，才能有身。

6/13 —— 柔可柔身之一側，也可從上柔到下，從下柔到上（即頂至足，足至頂），從裡到外、從外到裡的柔。

如玉女穿梭，易做，乃是心一直在過渡運轉中，因此手不亂動，故任何式子都要以在為下一動作做準備之心，乃可如打玉女穿梭的那樣順。

暗行兩儀—在搭手或自己演練中，要讓人知我之力點在甲處（即陽），另暗中將真正之勁以意藏於乙處（陰處），我要發勁時更要小心，不讓人知，此即要分明暗二勁，即一氣分陰陽。發時要用陰處，陽處要一無動靜，或鬆脫之讓彼落空，精於研究此陰陽變易，自可精妙絕倫，人不知我，我獨知人，將敵之注意力完全引至陽處，陰處暗藏之。

柔是根本，在原地原形鬆身變勢，以柔帶身動，柔中求伸縮，以內變帶動外變，故運動有抽絲狀，增強內勁，平時隨時想著柔身之柔，使周身玉漿流。

經多次實練證實，「腰卸肩頭力」實是很好的訣。

6/14 —— 打玉女穿梭第三式時，以腿盤地，則全身鬆綿不懼人推，真如大蟒盤陣之勢，能處處都如此則善矣。探其原因，乃因尾閭鬆直下沉，周身之勁全沉於足，腰已鬆塌，但此時足與小腿受力極大，其中昂首柔脊的作用很大，並可舒肩。

「八大金剛轉」是順著勢跟著形轉，不是帶動（主動）身轉，若是則身僵，反之身柔。（八大金剛是肩、肘、腕、胯、膝、踝及大椎、腰椎）

「腰轉足似鑽」乃是主動的，帶著其他各節轉動，則就全身無動（不自動），身可柔。

氣一定要充於指掌及臂與足，想要充先以氣充於腰腹，若氣尚未充滿即急著充，這是空的。

6/15 —— 如為了要練調身而轉，終不如用調氣（變內），在調氣中再求轉，或在拖時加以轉。拖是以臀腿拖地。

一般提手臂時其根在肩，此即會僵硬，提時將臂交與腰部，同時求柔身，肩即鬆開，為要，不要一提手就生僵。

勁要有迎送，走架之中，內有如下之意：舒放、伸縮、扭旋、靈活、起伏、趴抱、扶貼，一切均為迎送而做。迎中有吸蓄引敗請（坐）配之，送中有趴抱扶貼翻鑽等配之。

6/16 —— 不但兩腿拖，更要臀磨地。動時不但上身不移不動，胯與檔也要不動，僅以磨腿扭臀來動，即全身不動不移不變，只做拖腿磨臀，周身自會隨著動，互相連帶著動。

在轉動困難時，用昂首伸頸即可柔順，全是意。

磨、拖等要想著是地上的倒影在做，非我在做。腳要留，身也要留，留者心中求不要動。

昂首是非常好的，在身受困時可以昂首解之，昂首同時可伸展頸椎健身。

6/17 —— **不懼人推倒之勢**—站立時其勁落於大腿之兩側，則上身柔軟，不懼推倒。要求舒，舒就是柔，昂首亦為柔身之一法。

如因不想倒而用腿或身撐，此為大錯，正確的應柔身順勢而倒，找個倒得舒服的（身體舒暢）方向倒去，就是千萬不要撐。

搭手者為何？乃接承人於腰胯而發之。發人要用縮脊、縮腰、承接、收縮、請坐等等，得勢時發之。發以縮的勁，不是進，進乃大錯。縮乃蓄勁，進乃散勁。

接蓄得好（順），擊發以一縮即可。但如對方全身是力，虛實難分，如何處置？如此情形之下，彼全是實（明）勁，我即以我虛處吸而發之，四兩撥千斤。

6/18 —— 專心做圓，想像自身在大球中，以身轉此大球，乃意與勁，非真動，亦可在身內轉球，練之功非小可。

不動，以伸縮為動，要百分之百伸縮，動為零。即不動，只有伸與縮，以伸縮柔身，身鬆氣鬆，軟綿縮小巧在其中。勁在足背，「身似柳絲足盤石」。

所謂伸縮，實乃呼吸開合，非身之伸縮，為氣勁之呼吸伸縮。腿也要有伸縮開合之意，內氣充沛於周身（身內），人力加於我身，我必不可以相對頂抗，必以伸縮變化擊之。

變可用猝變，只要在變時用柔，則硬力不生，勁能相連不斷。勁都是柔的，不柔不能成為勁，故能柔中寓剛，剛中寓柔。

力猝至，我應以猝變、大變，內變乃是拳之根本。

拳者變也，內變、猝變、大變，不離柔。

6/19 —— 不要忘了尾閭，尾閭為軸心，內有定力，一切動都要用尾閭為軸，或以尾閭變，因尾閭變動迅而小，變動快，尾閭一變，身形全變。

6/20 —— 動時力通過尾閭或脊椎，身始鬆，不鬆則是亂動。

不但是三不動（頭肩手），更要心中將腰也不移動，在原處轉扭配合柔腿，並以肘不動，專想以胯動變，能如此，凡動均發。

千變萬動，要將足中氣補足，在動變時氣一定上浮，故要使之下沉於足，以意使全身勁氣與地接住。

先以假勁假打，隨即真發。假打實是讓其到我的勢上來，然後發之才得勢，隨後迅即以縮真發。經曰：「**若將物掀起而加以挫之之力，斯其根自斷，乃壞之速而無疑。**」

6/21 —— 動以勁先經尾閭而動，則氣至腳。

拳者變也，非外變，外形不可稍移稍動。變乃內變也，但不可用力，只用意。變乃以氣在筋骨中行走，以脊為主，變我筋骨，立身如平準為要。

變亦求站穩也。

拳者變也，因何而變？為卸力而變，為脫身而變，為擊發而變，為中定而變，萬變以勁先通過尾閭為法，非為招式而變。呼吸以皮膚毛孔配合內在筋骨。為脫身而變，為筋與骨分離而變，非為招式而變。神要在身內，乃可內變，不可形於外。為調身而變，為柔身而變，為以胯擊發而變，為應敵而變，為作勢而變，為搶勢而變。萬變不離中定虛實生剋。所以打太極拳是快不起來的，要全心全意體驗其中的內涵，所以要「**須認真**」，同時迅若閃電。

6/22 —— 人向哪裡推，我就向哪裡倒，不是用撐住不倒，而是用身倒勁不倒。

發以趴抱扶，但要有發而不發之意，手乃鬆放，下盤乃穩實。如專意攻之不易，要將之引向上，使其意在上面與我熱戰，我以暗勁擊其下部均能克之。氣充沛時，變乃氣之變，氣有鼓時乃危險之象，宜即散開之，故變乃氣之分散也。其在應敵，必以運氣。在進迫敵人時，進迫至其頂時，其必顯僵硬，我進迫之目的即在明其硬，而後，以心扶其硬處發之。

變動須先以尾閭帶動，方能勁整。想到只有骨架在打拳。

所變為何？變乃變剛柔陰陽，剛變柔，柔變剛，一體兩面之變。剛柔為何相變？為虛實背順而變。要迎送一體，多做迎送。

三不動（頭、肩、手）乃能生內勁，通過尾閭尖以腰動，腰動以趴。腳掌底也要有剛柔虛實之變。動中不動乃能生真勁，否則都是亂動，「**道可道，非常道**」，我曰：「**動可動，非常動**」。在緊住不得機時，可以順勢倒下去（心意如此），反能反背為順。

6/23 —— 肩背都交給仙骨，讓仙骨和腰脊發揮威力。事實上一趴，肩背就下於腰及仙骨，故趴實很有用。

昂首也能使肩背下，練不好拳都由於肩未處理好，肩不動，全身就一致。

打拳全要練身軀內的剛柔變化，不是動外形招式。剛非硬，剛之本體仍為柔。

只是意的變化，變化要通過脊椎尾閭才是。凡動皆為放，不斷的放，放是鬆，剛柔變化要長要大，非練有力，乃練剛柔互變，以變化生剋破拙力。

6/24 —— 發放用撫摸之意最輕，此乃由於雖用手撫，實用腰胯之勁之故。

練架要有如遇高手之意而行之。

兩腿輕鬆無力時，勁氣乃沉於下，故始終要保持勁在兩腿，以使氣下沉。

將身內突出之勁猝然分布均勻，亦為發放之佳法。

6/25 —— 太極拳真正要練的、用的就是虛實剛柔，也就是陰陽，要練得精、練得巧、練得妙，決非練力。「**因敵變化示神奇**」，就是因敵之來而變化陰陽也，故曰「無動不陰陽」。

勁無動不通過尾閭尖，否則兩肩會動。

最輕柔之狀，乃動繫於頂足二點，頂為定點，足為跟，變化在腰胯，並以昂首縮骨使進之則愈長，退之則愈後。手先著力，氣貫掌。

足為跟，頂定點，動在胯足腰一致配合。先在身鬆空，定頂足二點，然後開始變化剛柔。

變化不通過尾閭尖就成拉扯，雖可柔，但無勢。通過尾閭尖腰腿始有勢，但也要輕輕通過。

以氣分布勻均為訣，如此則只有氣之變化，沒有身，經曰：「氣遍身軀不少滯」「遍體氣流行」。

人壓我實硬處，一般直覺反應總是撐，哪知恰相反，乃是要在敗中求背化順。

昂首不忘氣充滿於腳。

要想能連續發放，就是要有一發不能發出，要連發幾次後才能發出之想。一直在發，不是一發即出之想，則可在發時保持檔胯勁。

如以周身勻均之想則可練氣，氣意通過尾閭，在身內翻騰變化，但不離輕柔，所謂「氣遍身軀不少滯」「遍體氣流行，一定繼續不能停」，翻騰鼓盪不息。

發要用撫摸其身（以意氣），不可猛推。

氣勢要有起伏，如海中之浪，伸縮收放、起伏鼓盪，以意為之，方為實在。

6/26 —— 舒檔為先，專心舒檔，舒尾閭之四旁。檔要擴張以求柔舒，與手相合，與尾閭尖先動相一氣。提檔舒檔足氣盈。

以尾閭尖為軸心，動中心中以尾閭尖定住不移動，只是腰胯動。定住尾閭尖就成軸，發勁以尾閭尖定住，動度反大。

讓中不讓，敗中自不敗。

雖用手搭，但心中以身撫其身，身雖未接觸，但有意在，其功自生，彼就感到壓力。

心想一發即出身即不穩，要想一發不出，連續發，即可站穩，可連發。走架乃不斷的連發，則兩腿勁扎實。

氣不斷的往下貫，身不斷的往下放，此乃因動時身必上浮，故以向下穩定之，平衡之，向下要到腳底。

6/27 —— 如上下柔腰則自生呼吸，即動時不是動，以柔腰而動，上下柔來柔去，呼吸自生。一定要動時

不要自動，自動必生僵，還何能言柔！以柔腰生動來動，要在動中取柔。

6/30 —— 太極拳以伸縮為動，呼吸為力，剛柔為體，虛實為用，中定為本。

17、拳論實是太極拳的宗義，其中所言，全是太極的陰陽變易用之於拳術，是目前所知的最早、也是唯一的太極拳起源的理論。有此拳理的存在，太極拳不會失傳，只有學習層次的高低。

18、太極拳是內家拳，是內練之功，會太極拳在於要知怎麼動、怎麼打，不在於怎麼樣的形。能知怎麼動、怎麼打，任何姿式都是太極拳；如不知，再有多的姿式架式，也無太極拳可言，只是姿式架式而已。

7/4 —— **虎吼猿鳴**（真義歌語）極佳。練時不出聲，默學虎猿之聲，則已是在練氣之動。

發人以氣向後吹，一點不帶前發之想，其感覺為佳。如以只準備發不真發之想則更佳。在此思想下，再加輕扶其身之意，則其差一點跌倒。

與人搭手，先糾纏在熱戰之處，再變換虛實，即能發放，故要會變，變則通。人以力挨我身，我轉內氣，其即跌出，故氣在身內貴能流轉。

走架時，兩手始終要有扶著對方防其倒似的之意，不可散而無意，既有對手，自應扶著他知其動靜，這就要假作真了。發時以扶，其效大增，內勁動了。

既發時用氣向後吹，平時走架都應不可有前發之意，發時要停留在將動未動之境。

最重要的就是在猝化時，下盤往往跟不上速度，而致不順，故要在此時以意將襠胯先變，比上面變得更快，不可只變上身不變下身，同時加上昂首，昂首乃能使全身上下一致，方可下部比上部變得快，變得大，變得順。上部變一分，下部就要變一分，平時走架即要練之。昂首要在周身鬆柔之下，才能做得出來。

7/5 —— 練柔身使推不倒，處處如此，一路綿綿，**身似柳絲足磐石**，此與前述腰胯要動得快等要結合，於任何姿式都推不倒。

與人相持，每當欲發時，勁一至腳跟，人即出。此乃因我周身鬆柔，並已得到機勢。但要注意，此時相接處一定要鬆開，如不鬆開，生效甚難，因其已知我之勁。事實上，勁一至腳底，相接處已鬆開了。

7/6 —— 往日何處受制，即以何處轉化（往往在上盤），此不佳，要將受挨處不動，改為催動下盤之氣轉化。換言之，即不要以受挨之本處化動，改以他處轉化，本處自獲化清。

7/8 —— 打拳不要走招，走形式，乃是身內陰陽互變，有感無感互變，要注意自身之變。走形式，只是在走形式，那還是一個形式而已。

7/10 —— 今天打拳勁都起於腳，不是一般的動。

每一動都在研究柔之何在，都是在作柔，用氣在身中走即可柔。

7/12 —— 靈活、圓活，全在兩胯之活，加上腿變。

走架氣要順勢運轉，怎麼變怎麼運，乃能舒柔。人來攻我，我不是退讓，而是搶勢捕捉他。

動時氣從尾閭尖吸入，或用脊椎骨吸入，身乃柔，思想觀念要正確。或用皮毛吸入。

人迫近，我待其力至，急速撫其背後摑之，用意氣來拿他，引之拿之。

其實人一挨我，我即放開接處，以陰處擊發，其已跌出不用引拿。令人奇怪的是當要發時不是用手，將手放開輕扶之，反能將彼發出，此乃是內勁的作用。

變換虛實在於將身中有感之處與無感之處互變，即陰陽之氣的互換。

一直作想跳而未跳之意、快快跑之意，此練腿力、發力，增強腿中氣勁。

7/13 —— 上身受壓微化時，下身之氣在兩腿胯即要迅速轉變以穩實下部，此時兩胯靈活，氣向下貫。打拳看似身變，實乃胯變。

7/14 —— 一般要動時總是上身先移動，此為人之習

慣。故動時要注意頂與肩不動，上身微有動意，下盤已大大的動，此時腰和仙骨活動量大，越大越好。以腰腿之伸縮為運動，其勁在腿，此與上述上身微動、下身急速大動相契。

7/15 —— 起伏、鑽翻、迎送、鼓盪、生剋、捕捉、開合，順人之勢，借人之力，全是心中意氣的運行。

動時胯不能動得太少、太慢，動時要將尾閭尖、胯彎、臀部等各處為起動之處，動得先，動得透。假想有人迫來，我急動胯彎以應之，胯動不能落後，一切在胯彎之變。

胯彎變時，以腿彎、小腿助之，要配合一致。

19、太極拳不可用力，反乎一般對拳術的觀念與認知，所以高深奧妙，對任何人而言都是一個全新的觀念、全新的認知，要從頭學習的全新的學問，不能以一般拳術的觀念與認知思考太極拳。

20、太極拳只有一種，不能認為有多種、有不同的太極拳。太極拳的陰陽變易之理只有一個，所以太極拳也只有一種。

7/16 —— 不是力動，是呼吸來動，一呼或一吸，使氣在身內迴旋，帶動外變，是內在意氣，非口鼻之外呼吸。

以似騎在馬上之想，完全是腰胯勁，因臀部已不能移動，兩腿雖彎著不能動，但內勁已在動。

要能如此動，拳已打得不錯了。上身兩手是由腰腿胯勁指使而動，意不在動上身，如此則「**其根在腳，發於腿，主宰於腰，形於手指**」就十分明顯。不管怎麼動，下盤（由腰到足）仍留著不動（心中），這樣可促使內氣迴旋變化不停，最重要是上身在動（被動），腰在變，而下盤與地粘著不移不動，但內變極速（凡此皆是內在意氣勁）。

下身不動非不變也，變者內勁之變化也，此與前記以頭頂催下盤動情形不同，但可配合運用。上身動下身留，下身動上身留，此可交互應用，陰陽變換也，應細研，總而言之，全是內在氣勁在動。

總之身要留，雖動（意）身要留，留者留住身不動也，而內勁在變動，於是好像只留得皮毛不動，而內部筋骨則變動活潑，此即所謂「意動身不動」之境。這只要在動中心求不動即可，是動中求靜、動靜合一之功，在運作內勁。

7/17 —— 動就硬，沒有動，以扭代動即可柔，只是在扭身，以身扭，一扭氣全身轉，在原處原形扭，好像求脫殼而出，身不移不動，只是扭扭而已，意動身留，即只內在氣勁在動，身未動。

順勢而扭，全身各處都扭，以腰胯為主扭，扭就有內變，故扭時是扭內勁，不扭外身。

初學者如教以用腰胯扭脫掉雙肩，則可全身一致動。

留還是正確，因身留才有內變（留處已不動，他處即有變）。變為內變，留要留將動之處，則該處留住，他處才有內變，故「留」、「扭」、「變」三者一體。腳掌中之變亦不可少。

意注在變，不可太著意在留與扭，稍有扭與留即有變。變者內氣之流轉也，內氣呼吸也。

以上所言，全是求內勁的運作，非一般的運動，是新的運動方式，但乃是太極拳的運動本質，太極拳本非一般性的動作。

7/18 —— 好！好！好！動中求不動，並在動中求放（放鬆身體），於是骨節靈活。放時同時以意將掌舒張，與身鬆配合。掌之舒張可使全身鬆柔，領導動

作，以兩掌舒張之力而行走架。

記住，打拳搭手意念常在手上為多，乃錯，正確的觀念乃是身手接觸處只是接觸而已，真正制人的不是手，而是腰胯及內在氣勁。故要想到手只是接觸，而根本上是以腰胯在聽發，故思想上是留意腰胯擊發、身擊發，思想要正確，要專心一意以腰胯擊人，雖以手接，實乃以腰胯聽發。

人攻來，我延其坐，但人未攻來，我也要能將胯腿送上去請他坐，這樣就可發。

7/19 —— 好！好！好！快慢一體，快時即想到要慢，慢時即想到要快，不可單一想快或慢，其他剛柔、進退、化發、方圓、左右，皆應如是，此時全是用意。此與留是一體的，在動時要知是在柔還是剛，用剛心中就要留柔，用柔心中就要有剛，用快即留慢，用慢即想到有快……等等，不可無之，只單一快或慢、剛或柔，只是一般性的動作，無太極拳的作用，其中體現的全是太極，是太極拳之所以為太極拳。

化用發做，伸用縮做，動以靜做，進以退心做……，全是體現太極，產生內勁，可見太極拳不能只是名稱，完全是一個新的運動天地，是運作內勁。

後面腰椎一直要讓之有向後突出之勢，不可前凸，這是弓腰，腰一弓，尾閭即前收，胸即內涵。

往日推人，感到氣在脊上下走動，人即跌出，可見氣在身內走，可影響於人。又前拿住人手，以內勁撥之，其即動二三步，故內勁可影響人。練架時要假想以內勁迫人，雖似空，但是有其實，故練時內氣不可只在自己走，要與對手內勁相連，撥之制之之意，此為攻。制人時雙手不動，只內勁動，此沾連粘隨也。

7/20 —— 身軀不變動，心裏要有變化，即運內勁變化，意動身不動也。變化者變縮伸、化發、旋扭、大小、縮放……。

如未請到人坐，用發時送坐給他，即可發。

遇高手微觸我，我全體即變化在先，使一意不能加。遇重手，即將其力吸而化之，以勁反擊之。

掤乃承負，各勁均有掤在。擠乃掤中之反彈，攌順其勢隨化之。採有各方向之採，不一定是下採。按乃制之不讓動，待其有動，即順勢追按之，一直按他，按出其動來。如其大動，即現明路，我以生尅按之、攌之、擠之……，均可。

搭手有掤而待之，有按而待之，前者以守在先，後者以攻在先，按出其勁而制之。

7/21 —— 肩肘要有墜掛之感，才是鬆開。

動以臀動可使全身一致動。臀與踝脊等各處配合，以臀動為主，臀部乃指臀部底，實即是用胯。

立身要能有讓得開、打得出之勢，才有陰陽之變化，此要用臀部之呼吸收放求之。

7/23 —— 搭手要以我身之陰陽勁與對手身之陰陽勁相連接，接住後才能發，不要以手。用放開筋肉、柔柔骨節、散開骨節、柔柔筋肉均可發。

求得機得勢乃在搶己之中定，中定首要尾閭要垂直（前收亦即中正）。初學走架尤須注意全心在尾閭中正，意全集中於尾閭，失此就失跟。波濤變盪中，尾閭中正不變，保住不變，一失就失勢。

7/26 —— 凡動無平常之動，必先用意先動尾閭尖為起動，亦可以意先在檔中打完全式後再動。平常有時一動即肩聳起，此係未以意先動尾閭尖之故。

效法水很實用，以意氣效法水之向前流，遇阻則繞過而進，遇隙即鑽入，遇物即浮起，是故氣不但在身中流行，更要學水。

留—身體留著不動，只有氣勁似水在流。

7/27 —— 今天在扭腰胯，什麼都不想，只在做扭腰胯，全身什麼都不動，到後來一扭即全身都動。

身在原處才能扭，扭後勢自成。

7/28 —— 身要舒伸放大，動時必有緊處，要舒伸緊處，其主要處在肩臂及脊椎骨，向兩邊舒展求中定，使全身透空。

以意隔空（非接觸處）擊出時，對方會跌出，此時手未用力，故人不知。

志不在動，一心一意在舒展求中定，舒展求中定自能變姿動身，此與在原處扭腰胯相契。

對方硬力衝來，吾在順化中旋轉內勁不用手，其即倒，此為攦。

7/29 —— 以筋搓骨，以氣運身。

要練腰胯檔之靈活變動，不要動其他部分，腰、胯、檔三節互相配合旋轉變化，加上尾閭中正，還有足，即腰、胯、檔、尾閭、足共五處，足為跟旋扭，成三節五處。

一切動先想到腰胯檔三節如何靈活的變，不要先想形動，以此與前述先以尾閭尖動為一貫，上至腰頂，下至足底，在此範圍內變化，立定站穩為要，然後有「**刻刻留心在腰間，腹內鬆淨氣騰然**」之感。

此與前比較，本法在縮小為三節之動，以往太少想到三節之動，今要發揮運動之核心（三節）之靈活。今次之記載，源於昨日人以力推我，我靈活三節以應之，其倒出。

結論：以意先旋腰胯檔以求伸放筋骨，靈活三節，加上志不在自動，即不但要伸放筋骨，同時要靈變三節。志不作自動，而後生不變自變。

此種功法，細研乃在將更多注意力用在腰胯檔之變，少動到肩臂，使下盤穩實。

靈活三節就是伸放三節，符合志不在自動，三節在伸放中求靈活變動，站穩我身。

想著尾閭尖下檔中央有個小球（如網球之大小）在旋轉，與三節之變相配合。

此小球可移至腰背等之其他部分轉動，此是練氣旋的很好的心法，動時先扭轉小球，球動氣即動。

發放沒有前衝之意，只可承負彈放，若有前衝之意則必前傾倒出，僅以氣吹層次為最高。

一切動都要以承接之意，如以向前之意，則足上浮。

7/30 —— 一動先想舒身，一路舒暢，實是太極拳之寶，則全身一定鬆柔。不能想動作，拳論之「**一舉動周身俱要輕靈**」，亦可講為「凡動必先求舒」，舒得柔，放得鬆，故動時有兩個思想，一為先放，一為隨即求舒，乃得鬆柔。

先整身形，舒字最重要，活動三節五處（見前*7/29*）求舒，亦方能得舒。

教初學者以臂前抱上半身即正，下半身以似騎在馬上狀，檔即開。再加以舒胸下腹，氣即沉丹田，然後再以輕舒徐綿活動三節五處。

7/31 —— 扭變三節五處，抽拉四肢之筋。乃求伸縮旋扭而已，不可自行動移，而後不動自動，不移自移，才真正是太極拳的運動。

舒中找對方可趴貼處，以求發放。

21、陳品三氏云：「自古太極拳皆如此，何須身外妄營求！」真正值得惋惜的是，顯然不可明知其無，而仍求其有。

22、「不丟不頂」、「隨曲就伸」、「捨己從人」，三者是同樣的意義，就是彼進我退、彼退我進，不與脫離或相頂抗，捨棄自己的意志，隨從他人，其中全是陰陽之理的陰消陽長、陽消陰長，陰不離陽、陽不離陰，能知此，實已知了太極拳。層次的高低，全在於心中的運作之法，離此雖可言是太極拳，但無太極之理。

8/1 —— 伸縮旋扭有時無法得機得勢時，以提檔拔腿變化。腿可伸縮，檔可提坐，如雲手、單鞭就要加入此法，還有扣膝旋踝……等。

仙骨處只可上下扯、錯，不可橫走。

手揮琵琶後，於拗步做完時若有人將我手前拉，我則跟上半步，順其勢，再後坐後腿，則其必被我以後坐之勢拉回來，倒到我後側。

8/2 —— 反錯旋轉（即是扭）很實用。反向之動要先有中定而後出。

坐很重要，可使上虛下（胯）實，坐即下蹲，下蹲使勁在小腿，要隨時有之，以增胯腿之勁用以應對。以跑步狀變三節五處。

身要分為虛與實兩半，兩腿之勁要向上延伸至腰、至背，兩腿相互交替使用，猶如海浪此起彼伏。

每動必化，每化後必作趴抱貼，此伏彼起。

每動必為求勢，迴旋而出，順勢趴伏。

兩腿躺地拖，雙臀坐地磨，

五處三節帶，自己不自動。

左肩領左臂，右肩領右臂，領時肩放鬆後用意領，內中自有內勁相連。

開展緊湊，動時必求肩背胯之開展，儘量舒放，然後再收緊，形成意氣勁的一開一合。

8/3 —— 扭扭臀部而已，扭臀帶動三節，扣膝，旋踝，錯脊，肩領，腿延伸至肩，全要求鬆柔不用力。

志不在動，扭扭臀部而已，扭臀就是雙臀坐地磨。

每做一姿式，應先尋找應扭何關節，在扭轉關節，不在動，然後發現其主要在腰胯之錯扭，就是主要在想到扭旋腰胯，不是想變動姿式，姿式在扭旋腰胯中完成，也就是求三節五處之使用。

扭關節就是內變，要配合開展緊湊。不在外形之變，志在細研內變，即以腰胯扭旋筋骨。

8/4 —— 今早專做兩腰（後面）交替抽拔以運身，自感身手合一。可見太極拳是求身體的變化，不是外形的變化。

專心全意扭腰胯亦是打拳，亦即變化三節五處，主在帶動內變。

8/5 —— 今天為減輕腿之受力，將兩胯懸掛於腰脊。運動時以舒伸腰脊為主。

無動不是搓，不搓不能動。搓是搓自己身內筋骨。

不可只變不搓，變中要搓，搓中要變。

8/6 —— 鑽翻（伸縮扭旋）乃一切身動之本，鑽翻即變化三五，即搓錯、即扭臂、即調整尾閭，帶動內變，靈活三五。只扭腰不鑽翻，兩胯即呆滯。

要支撐八面，必須尾閭中正，中正後始可轉動靈活。中正即是垂直，要垂直，就要前收。

在伸縮扭旋中，其中要有迎化送貼。一切動，都在做內在運作，不能認為會了外在姿式，或操作外在姿式，是會了太極拳。

伸縮扭旋中有了尾閭中正就會有鑽翻在內，兩腰上下抽換，不可橫。

以上均為內勁之運作，沒有內勁運作是空動。

8/7 —— 每動即將氣貫入於足，否則身浮。氣由腰腿而下。

動時氣下貫於足，下身即留地，此即伸縮扭旋時要配合足，與足一氣扭旋互相配合。若只伸扭腰胯，而腿與足踝不一氣運轉是不對的，不完整，要能一氣，以氣下貫於足。

氣由身下貫於足乃必要之手段，能下貫，拳勢即變。

下貫之原意在於使立身有跟，能得機得勢，腳上有跟，自然而得上空下實，腰腳靈活。下貫與前記立身不怕推倒之意相合，氣貫到腳腳就有跟，身似水草不懼倒。

一動氣即上浮，故要下貫以平衡之、穩實之，故下貫為必要之手段。使動用下貫之力，不用上浮之力，下貫之氣由足再回升，乃是勁，快速異常。

打拳時往下補氣要不斷，補足腳中之氣。

8/8 —— 扭旋就生勁，故要想用勁時以輕輕扭旋即可，即以扭代動。動則生力，有力則不能鬆柔。

趴，一定要做趴放坐旋扶，一氣呵成。主在使出腰胯腿勁，可見活動全在三節。

要不斷的趴，即在運行中連續的以一個一個趴隨勢變化。

敗為勝之基，敗要敗得好，敗得徹底。敗乃能柔，能柔乃能化解彼力，生發彼之勁。

8/10 —— 發用扶或貼係腰胯勁，如用一般性的動作前推，則腰胯勁已被用去而成空虛，如用扶貼，則腿勁始終保持故有根。

動時氣要纏足，即足要先有勁。如作快跑想則足有勁，即動時除腰胯檔外，還要有足勁，一般動時都忘記了足勁。

8/11 —— 尾閭尖一路先行，拉長尾閭尖四周筋脈，動意不動形，使尾閭寬鬆。

8/12 —— 動乃把全身骨節散開，迎用吸、蓄、引、請，送用趴、抱、貼、扶。

敵以力向我按來，其重心穩固，難以力抗，我以右手下採其左臂，與此同時以左側順勢向其扶貼而去，其必向左倒下。

8/13 —— 扭旋腰胯時重力落於足底身方可輕靈，架式靈活，猶如蒼鷹搏兔，神亦在搏兔。

不可稍有移與動，伸縮扭旋勁落足。

身勢靈捷似蒼鷹，神意猶在搏狡兔。

8/14 —— 動作時一定要有逆向之勁（內有太極），身體是以逆向之勁推動的，這樣，身體靈活穩實而有內勁。故動時先找好逆向之動，這樣才有扭旋。總要有個逆勢，有逆勁才有內勁，腰胯扭旋之勁，即是內在之勁，要使之擴至全身。

坐勢打拳是好像坐在凳上打拳，使尾閭不動，方可拉開尾閭四旁之筋。同樣以某骨節不動，可拉開該骨節四旁之筋，使周身骨節節節拉開，周身寬鬆，如能這樣拳已可觀矣。

8/15 —— 打拳中要有趴抱（進）、延坐（退）、翻（顧盼）、開（檔）、旋（踝）、放（鬆）、逆（留），以此配合伸旋腰胯。一定在單腿，才能讓尾閭氣下沉。檔中似有球落地，還要有定，即肘背要定住不變。

由此可見只比形式，何能有太極拳的作用！太極拳的慢，由於是在運作內勁的內變，是不能快的，而且愈慢愈細愈好，練時慢，用時快迅無比。

練扭腰胯就有內變。

23、郝月如氏云：「太極拳不在樣式，而在氣勢。不在外面而在內。」太極拳的枉費工夫都是由於不知內在運作，而在外形姿式勤學苦練。所以向愷然氏云：「嗚呼！先賢悲憫之言，如聞其聲矣！」太極拳內容高深，怎可能在外面姿式求得！

24、「左重則左虛，右重則右杳。仰之則彌高，俯之則彌深。進之則愈長，退之則愈後」是拳論的核心意義，其意思也就是「隨曲就伸」、「捨己從人」，也就是陰陽相濟的體現。

8/16 —— 先坐好以後再屈伸，坐好比站好更切實，所以站中有坐，在動中要以意仍坐在原處之心，使胯動腰不動。

肉讓它掛在我骨架上，求鬆沉。

不但要有逆勁，實要在動作中有連動作都不想完成之想，才能鬆，這也有逆勁，其中有太極，也是一陰一陽。一有想做動作之心，身上就生僵了，這是練不到太極拳的。

精神有所為，肉體無所作為。

不想完成動作與假做動作，意義與作用相同。做假身即柔，即是真。做真身即僵，即是假。

8/17 —— 趴要趴腿（開），前進幅度大，屈伸變化要與拖（以臀腿拖地）結合。趴發要加上扭腰才勁大。

要化接一體，化就是接，接就是化。能得機趴伏，乃柔中有剛，剛中有柔。伏是向地上伏下之意勁。

棉裡裹針，接中已有勢，化接中自有吸蓄引，而能發，而能有針。

不能只化不接（有柔無剛）。

不能只接不化（僵硬易折）。

要以化為接，以接為化，方能剛柔相濟。

8/18 —— 有假想敵，因敵變化示神奇。動急則急應，動緩則緩隨，生剋迎送，明暗分清，明迎暗送，人不知，而示神奇。

8/19 —— 轉腰環要順勢接下轉，才能綿順，否則斷。

氣一定要貫於足跟才實，每動時氣一定要繞過足，否則足中氣斷。

【柔】

意在芳草，大腦為天。欲振乏力，脫離動作。
放棄自身，伸腰浮沉。有感即軟，有力即浮。
腿柔身穩，蹲身欲跳。脫離脫離，節節空靈。
為而不為，有僵即浮。融化僵力，全在心中。

【化】

點吸來力，點線柔身。化有為無，皮毛走化。
伸腰浮沉，腰腳先動。脫離放棄，挪褲吊檔。
節節無僵，意集點絲。有感即軟，有力即隱。
重來輕應，踵圈上提。提腿入腰，未動先浮。
抽絲拉點，點吸彼力。吸彼筋骨，使彼舒服。

【發】

重來輕進，有發無化。化有為無，欲振乏力。
吸回遠物，外力後拉。臂掤身柔，發即被阻。
抱肚胯吸，胯篷拔鞋。皮毛發光，腕點發力。
噴即是吸，針點發彼。噴灑入地，伸腰吸彼。
胸圈發威，發氣內吸。脫離放棄，一點發力。
專意拉筋，只找彼虛。一得機勢，發光閃電。

【制】

捆仙繩纏，纏而不纏。點吸彼力，掤勁控之。
脊背發力，落胯發力。遇力即吸，遇力即纏。
身不動移，全在內形。動必受阻，啟動內勁。
化有為無，皮毛走化。使彼落空，腰腳先動。
放棄自身，脫離動作。意貫於腳，點線動作。
意在皮骨，不在筋肉。遇重即輕，化有為無。
防彼跌倒，隱身不玩。脫離化風，節節虛空。
皮毛呼吸，把彼吸回。防彼跌出，骨內發力。
點線發力，有剛有柔。伸腰化風，脫離動作。
虛領頂勁，尾閭中正。不動肩手，只動兩胯。
開襠坐胯，周身一家。全體柔綿，沾連粘隨。
虛實分清，中正安舒。發動在胯，連及周身。

【搭手】

1、皮毛化

2、環發威

3、關節吸

4、呼吸用

5、腦為天

6、地下點

7、吹吸噴

8、趴抱隱

9、點針飛

10、身發光

11、浮沉檔

12、凹涵趴

13、脫離貼

14、振無力

15、伸腰舒

【第三冊結束】*1995*年*4*月*27*日~*1995*年*8*月*19*日筆記

8/21 —— 轉身體時要想著力出於胯，同時以意運氣快速到腳，以實跟勁，方可輕靈，否則身有僵力。

8/23 —— 扭扭腰，舒舒檔，鬆鬆胯，扣扣膝，旋旋踝，以腰足氣與地氣相鼓盪，天地氣與我合一。記住，尾閭要中正，才有定力。

還沒有真正坐下去，要用胯像撐開的傘一樣之想，方比較能坐下去，真正坐下胯才能真鬆開，要坐身屈膝，坐得真才是真正坐下，腰胯力才能沉於腳。

8/24 —— 不但沒有動意，更要有敗意，敗中取勝，力求中定。因敗意而鬆沉，即可「滿身輕利頂頭懸」。哪有動？根本沒有常態之動，若是，就非通往太極拳之徑。

臀不離地是為要法。哪有動？全在運作內法，無動形之意，只有內在運作。

「動急則急應，動緩則緩隨」，不能缺。

無形領導有形。

8/26 —— 臀部不離地為必須，動先動臀，勁方整，而輕靈。要有坐著打拳之意，立身方穩實。不作功法，

思想中作常態之動，實在是害事的，這樣必生僵硬。

慢就是快，慢可心靜，應變才能快。所以雖然慢，但可以得到快的效果。

8/27 —— 逢到大力，要在一開始就搶住先機不放鬆，其根本在於腰胯檔活動之靈活快速。平時練架即要練此，開始接手即要搶先不放鬆。

8/28 —— 制人在制人的動與力。人改以大力來時，我以大柔應之，不可亦以力相應。我以運用陰陽虛實，以大柔應彼之大力，以太極相應，以心相粘，一直以初接手之狀，以我之柔克彼之剛。

檔要用得透，則能發（此可用吹來發）。

打拳是在招式中打內在之虛實變化，亦即陰陽變化，非打招式，打招是打形式，虛實要變得清楚活潑。

練拳招不要想到招，而要想因為有人在打我，我虛實變化而應之。

8/29 —— 要在不用力中用力，在用力中不用力，要好像用力，是假用力，是意力，不是真用力。

搭手要利用人之動，彼微動，己先動搶勢。

想像自己是一股氣流在流轉，無形無象，只是氣流在身內上下、四旁流轉，如此亦可將人輕輕迫出。氣之流轉導因於意之運行，而形成氣動。

8/30 —— 手不要以平時方式伸出去，要想從足跟起伸出去，不可想動手。動時想著全身之勁起於足跟，就是氣流旋轉，要活潑膝關節。

重大發現：膝的活動度要大，注意膝之動，則身輕靈，否則有僵勁拉扯，此與勁由足起一貫。上身動時，著力於膝，則上身不動。

8/31 —— 柔得透，站得穩，讓氣自行運行，能至手方佳。

25、學習太極拳首在對太極拳要有正確的認知，自古以來的失敗，都是由於認知錯誤。要從經譜歌訣了解太極拳，經譜歌訣才是太極拳，才是要學習與了解太極拳的本題與主體，不知此就不知太極拳。

26、太極拳自古難知，學習太極拳最大的困難在於傳授，由於難知，往往把本非太極拳作為太極拳而傳，輾轉相傳，由是愈傳愈遠。太極拳本非外面姿式，而只剩下一個形狀姿式，雖言如何如何，實際全無作用。尤其可悲者，一旦學了以後，深深已認會了太極拳，勤學苦練不斷，仍一無所得，而無從自知。向愷然氏云：「余久悲此道之無正知見也」，即由於此。

9/1 —— 脊骨兩旁錯動（垂直），可使身柔而無僵。似以腰椎或尾閭尖作拔鞋狀，同時踝要旋，膝要活，胯要坐，肩要舒，脊要正，腿要拖。走架全心在作內在運作，豈能走動外面形式！

要鬆到腳，可以膝動，使氣貫到雙手。

「有容德乃大」，將人之來力儘量容納入我身中，使融化於無形，此乃化人之良法，宜熟習之。

9/2 —— 柔身以腰胯作柔身之身勢，乃能全鬆，要始終如一，內則心中要有有容乃大之心，外則要引彼落空到底，愈長愈好。「**無形無象**」乃心中並無招式，「**全身透空**」乃使周身空鬆無物。

氣不由足起（繞過足），是假勁，要由足起，並以頭頂領或手指領。

有快跑之意不可缺，似以腰胯用力，用力中不用力。

推手要隨時以意控制住對方。足勁先準備好不可斷，以使一來即發，即腰足隨時做即發之意，保持極靈活之意。

不怕人之力，怕人之動，力為刀柄，動為刀刃，全心注意人之動，故須認真。要「**動急則急應，動**

緩則緩隨」，不可有兒戲之心，隨時保持擊發走化之機勢，氣沉於足。

推手還是要以腰胯柔身化解來力，有容乃大，勁氣貫於腳以為根，乃是最根本之習練目標。勁氣愈貫於腳愈不倒。以腳與小腿勁化人發人，發人以腳勁非以手臂。手勁來自腳勁，勁氣由踵起乃為真勁。

一切應對，勁均要起於腳，換言之，均要以腳應對，即所謂「掌心力由足心起」。

氣在胸腹中動不算動，因不穩，氣要貫於足方有根，如此在任何狀況下，腳均能站穩應變。同時調整腰胯以容來力，以意扣膝以實足勁。

9/3 —— 要頂時不要用力，要以意努力柔。要崩，崩要崩僵處，用到何處崩何處。

推手得機勢時，對手功高不能發，怕發放不成反自身不穩。其實在一得機時應急發之，所以不能發，原因在於發時往往在前一半手上可無力，但到後半手上就有力，使彼知我，此乃大缺點，根本無法發人。乃因一發時，勢已盡而彼還未出，而我勢已盡，故就要用手，此乃在發勁時觀念上有錯誤，不是這樣的，此種情形乃在已拿住人之焦點時產生的，他雖勢劣，但焦點尚未完全外露，尚有化轉之微小空間，我如一發即被其微小空間所化去，如再前進則我優勢已盡，故推手時彼一有勢劣，微露焦點，我不可這樣發，應用吹風之法發之，此可使我勁綿長而不露，但千萬不能有發人之意，要以專一之心吹風，為此我作歌如後：

存意發人大錯誤，發勁原為心吹風。
彼機微現宜急吹，吹風要在化中行。
一心細研風中奧，進入化境不為難。
吹中要帶趴與抱，立身始穩吹人遠。

如此你既有把握發，而且不為人知。
發了一半手就生力，此乃大病。宜吹不宜發。

9/5 —— 推手歌–

矮身蹲坐檔胯開，容吹趴藏發中意。
落落大方不做作，隨時注意腰胯穩。
兩肘前探身躬坐，開旋沉落化人勁。
努力留心細推求，動中得靜始成功。

9/6 —— 能以膝擊人，以臂粘人，由於其時腰勢已弓

趴、坐尾閭，勁力已沉於腳，又以檔如傘樣撐開之想，一想撐開檔即開，不可亂動。

以皮膚粘人，以皮膚呼吸，則身柔，全身皆一致，此已「**內有骨髓外皮膚，氣合天地妙無窮**」。又曰「**筋骨相磨隨身旋，以腳為根氣無窮**」。

要柔身就順勢放長身體，使全身一無所有，即「**全身透空**」，空無一物，神則如貓捉老鼠，靈快無比。

每動都要先想到檔撐開如傘才輕靈，要體悟到身上沒一吋力是靠得住的，是忠於你的。當你知道力是為對手所利用的，你不但不敢用力，而且要放棄身上之力，反過來你會利用對方身上之力，那你就成大功了。所以要在「**沾連粘隨不丟頂**」中去追求不頂人之力，不離人之力，隨時保持自己在最快最短的即刻反應之極靈活之狀，以應外景之變。

9/7 —— 完全以吹風代替動意來發，以趴為力吹，與地氣相吸相盪，以趴為吹使腳有跟，以氣在身中流旋。

筋骨讓開讓風過。

9/8 —— 用吹吸風之想則已是全部發腰腿之柔勁。

肢體拳腳非我有，棄之不用太極功。
心神意氣是真我，靜心養悟莫放鬆。
一切要在柔中求，方得太極內家功。
以氣柔身想不停，功夫得自不覺中。

9/9 —— 打拳第一要求得機得勢，只是求得機得勢。得機得勢全在於腳，以腳主宰全身。腳中變化為腳下乾坤，似已非主宰於腰，而是主宰於腳。

進為吹風，我變為風，隱去我身變吹風，要將吾身隱去變為風。退為吸風，而非退。有時動時只是起一陣風，產生一陣風而已。

有時以心在身中抽絲，似拉牛皮糖絲，身亦很柔。因為是在用意，非用身。

9/10 —— 搭手人頂來，我要設法不與相頂，能不頂即為成功，且要把之打出去。

兩臂之勁要發自踵腿，以使上下為一體，成一股勁。

以退化人攻來用吸風，吸向身之一側，以引之落空，故凡退均用此。

要足重身輕，將氣與力下沉於足與小腿，心裡就有怕跌倒似的之意，則足勁生。

9/11 —— 腿也要蠕動，凡勁不靈活時蠕動兩腿，拖蠕合一。

吹風用氣由心中一點擴散開來。吸風用吸入心中一點直下湧泉。

吹時遇阻即向地下或身後吹，或散開，是為要訣。

在原地吹吸為佳，因若有向前意，則反而使身上生力。如在原地，意仍可向前，此乃全是下盤前行，上盤輕柔。吹時加上趴、扶、抱意，勁力更實在，吹時必作我變成微風之想，隱去我身變陣風，身內僵氣向四周天地消散。

9/12 —— 化時以只避尾閭尖的方式來化為對，尾閭尖化過全身化清，不但化，更要形勢比人強。動乃人動我急動應之，來則吸迎，去則吹送，要全心注意彼勁而制之。

人前推過來，我後搌之；人衝來，我向後送之，順其勢而送之。

打拳沒有動，只變換鬆放即可，一動即鬆放。如何動以如何鬆放代之。

9/13 —— 震動，有在走架中自己作震動之動作。我們練架時隨時保持蓄勁待發，任何時地形勢均可震發之。因此發勁不用大力，而以隱身化氣之輕微動作舒發，此時氣充臂指，兩手自行震抖。

練架時，同時要練開散舒柔坐等等之勁，迎送吹吸，化成一陣清風，實要有此意的存在，不要空練外形。練外形只是一個形式，全無太極拳的作用可言。

9/14 —— 人衝來我不稍接其勁，使之落空而順勢帶之出去，較以接後發之之心為佳，因用接未必能接乾淨，仍有相頂之處。故與人推手，要讓對手在勝中落敗，我則在敗中取勝，才可稱陰陽相濟。

9/15 —— 要將內氣用之於對外（對付人之動），不可只運之於內。

練架想內練，搭手想外用，以內練之功外用。

進退往往在前半可用檔，至中以後開檔已盡，接下去是用開胯，放開胯，漸至膝腳。

27、太極拳的本質是沾連粘隨，其作用在於內勁，內勁本是一個沾粘體，並非用手就可沾粘。內勁由於由鬆柔不用力而得，能氣血和暢，而能養生益壽，由於柔中寓剛，剛中寓柔，而能為拳術。太極拳既可養生，又能是拳術，全在於內勁，也就是氣與勁。

28、氣的本身是不會自動的，要有意的運行，所以是以心行氣，以氣運身，意到氣到，氣到勁到。意氣勁是一體的，由於非肢體之力，是精神面的力量，要有後天的修習，是太極拳的本體，所以十三勢歌云：「若言體用何為準？意氣君來骨肉臣」。

9/16 —— 不可只想內，要用之於外，對外不出於攻化、虛實生剋之用，有之為活拳，無之為死拳。凡一舉動均設定攻化虛實，均成太極陰陽，擊其虛，化其實，以攻為化，以化為攻，即攻中寓有化，化中寓有攻。攻化乃應對手動之反應，並非盲動。反應以趴沉扭旋為最快迅。

開檔不要用力，只要注意尾閭尖處輕輕一開就可開，檔勢就順，就可開得很順，如用力開反而不靈活，也就是將尾閭尖處輕輕鬆一鬆即可。

打拳進退乃迎送而已，迎送乃呼吸而已。吹時遇阻則向後向下吹，要加趴扶抱意。

將檔（尾閭尖處）輕輕舒放開，為柔全身之要訣。任何一動均要舒放尾閭尖，吹吸趴內均應有之。事實上一舒放尾閭尖即有趴勁，我化人勁時，放開尾閭尖即鬆即可化。

你要我哪裡我就送給你哪裡，很大方，此乃柔中發人。不能只顧化，要御人之勁。

9/18 —— 凡動均要用藏，以使尾閭中正，不可無藏。藏乃將胯向後收，一收尾閭即向前，即中正。

進則為貼，退則將貼在人身上之物吸脫之意。

氣走脊椎，自可通兩腿運行，此可穩住己勁，應以此為用。

氣起於臍，行於脊中，自達於腿，而至湧泉，在身內上下循環運轉。

以敗意為最佳之柔身方法，以局部敗更順，以上身柔下身更柔。

吹風可改用「隱身化陣風」易行易變，此為良法，一切硬力來均可用此擊出，乃真出神入化之境。來力微，風力微；來力強，風力強，要與來力配合相當。

9/19 —— 教人發勁，在退化得機後，以腰腿勁用手撫摸對手之意，即可發出。其中重要者，如在過程中一有用手力即無法發成，故要一無手力方可。因此發時必以不用手摸對手之心，手就無力，是以意用腰腿勁，不是用手真摸，應探研其中之真信息，發時一有阻力即柔身鑽過去。另與人搭手時，其稍有硬力，我即以化陣風吹之，其即隨風而去，只要一有接上其硬力之感，宜即吹之。

人衝來發我，我用回身看順勢攦之。

與人相持於某處，出其不意用我之虛處擊其另處即擊出。或以假發人一下，隨即改以他處發也一樣。

人一向前衝，或微動，即順勢引之，或以風吹之。

與高手接手，其法為承接、吸蓄、請、敗、引、搶勢，一有接上即化陣風發之，其中以敗為柔之最佳方法，並以氣在脊中走入兩腿。

發時越不頂觸越可將對手發出，此為定論，此可令人不知。用吹即是可不頂觸對手之法，用抱扶摸須以意不頂觸對手，一有頂觸其即得應對之機，不頂觸其毫無所知，不知所措，跌出而不知力從何來。在微感對手之力時即吹方可。

被人制到時，即迅即變換虛實，換邊，使其落空，故只要半邊身。或以足氣曝發發之。

9/20 —— 內氣由腿貫通於臂至指，互相連貫一氣，在腰腿流轉貫通於臂指。打拳動時想著身體整體變化形姿，此可全身一致，不可只動局部。

化人推我時，以力求兩胯端正不變，不化自化，人會跌出，不要自己刻意用變化身體去化。

9/21 —— 其愈堅我應以愈柔應之，不可相抗，得其動而吹之、吸之，用假擊而後真擊之。假擊後立即以真

擊其身之他處，假向前按之即改真擺之。與人練，我假擊其左肩隨即立即擊其右側，其無以應對而出，我採其向我之後，其半途有抗勁，我即假向前順其勢，再猝然真採（反向），一進一退之間，其無以應對。凡此種種均為真真假假，聲東擊西，令其無以應對。

與人推手，其以硬力試我，我不可以力相抗，應以愈柔應之，以風吹之，待其稍硬即吹，不可稍待。如待其成勢，則難吹之，此要在愈柔中待其動而吹，不可稍待，其一有硬力，在其初起時吹之必勝，故時時要有吹之機勢，不可立身不中正。

一有相頂時，即有頂點產生，故引之使頂，使頂點現形，可柔而吹之。如彼功高，我引之，不與我相頂抗，則無頂點產生，我則無可發之。故待稍有頂處，急速吹之，是為應大力之至要。如其已成大力之勢，未及吹之，則我以愈柔應之，靜待其動而吹，靜候其始動之機為至要。

如若其改以大力追迫我之勁，則如何應之？我以勁引其至我之一側，待其專心專攻我一側之勁時，我猝改勁至另側擊之，虛實之變化，不令其知之，其出其不意必跌出。我不能將勁引至我之中心，我之中心不可讓其攻。如其功力不高，則可引至中心而以柔身擊之，鼓盪擊之。有必要讓其力及意集中在我身之某點，我則可變化虛實提放鼓盪擊之。

與人接手，其大力來時一直要有把人抱起來之心，在其來之過程中密切注意抱起他之機，乃能得機得勢，不可只化無抱。可向其焦點缺陷處趴抱而吸吹之。

9/22 —— 其攻吾左胸，我向左轉化，右側成空時，其以左手假急攻我右側，我再向右後化轉，其再以腰胯自正中擊我之胯，我即後跌，此於教人時悟徹。又人攻我右側，我向右後攌採，其知我攌採必全心防範，我則以胯擊其右後下部臀胯腿等，其必被吾攌擊出。凡此種種，在一般推手中作成範例以研之，因人之攻擊方式，不外此幾種慣常方式，其重要者不在力，而在意之運用。要引其全心貫注於某一勢、某一方向，使其意與力全集中於某處，我則用虛實之法擊之，所謂出其不意，擊其無備，乃兵法之詭道也，是人之智慧，非關其他。

我攻之，其必全心以某種姿態及方向防守，此乃其最佳之處，我不能明著與之相頂，此猶如其刀刃槍尖之處，我動之必受害，此時我必明其虛實擊其空處，猝然不令其知，此亦「人不知我，我獨知人」。

人攻我時亦然，我應避實擊虛，不令人知。

人以大力迫來，我無法迴避時，我必要引其注意力貫注於某一方向，讓其自認得勢，我則輕靈變勢吹之、吸之、趴之、扶之、抱之隨意而用，讓其勝中落敗，我則敗中得勝，忽而隱去我陽，而顯之以陰，要以極柔應之。

要了悉其心意之所在，如我雙手按之，其心意必是對付我之按，按之使其僵，其必注意其僵勢，我則猝擊其空處，或假擊，或真擊，隨勢而用，如我搌之，其意必應對我之搌，引其出神應付時，我擊其無意識處。

9/23 —— 推手全為柔中行氣，故氣要通順，不可阻滯。尤要靈活迅捷，繞過足底。

我右胯有氣滯，要通順之。

站之時雖曰已鬆開，若一柔身胯腿就酸，可見未鬆透，故要練柔身酸腿，以練體能。

9/24 —— 敗，要身體筋肉敗，精神反要求勝不可敗。

用腿拖地在柔化時很有用，但在攻時勁不能達於手。

練柔勁，在動作中竭力求柔，求真柔，同時使思想改變為不出力，不是用硬。用化陣風時要柔到手指手臂。

要注意柔部分之身體，不是全身一起柔，這樣可化人勁，擊其虛，化陽為陰，化陰為陽。受人制住如全身被制，引其至身之一處，則此處為陽，我猝然柔身之以陰處擊之，其不得而知已被擊出，我則化險為夷。

如人制我中間，我無可引至一側，可假向右上攦之，引其注意化我之攦，我趁機撫其陰處。

在假攦時，不管其有否浮動，我即捨攦以撫，其自更不可支，而跌得更遠。故有假擊，其必顯敗處，我以真擊之，亦可一直作假，假到底，一俟其跌出就是真，故假就是真，假中有真，真妙不可言。

不可在腳力不足時將身重交與尾閭尖，尾閭尖不可負荷身重，只能將重力換至另一足。

9/26 —— 柔身運動，柔中有柔力在，乃是勁，提升柔力十分重要。人以前按攻我成相頂時，我以前膝擊其

後腿，其即跳出，此說明在相頂之勁不可攻，攻其虛處。舉一反三，將其勁引至一側，以擊其他側。如其前攻，我後擺未成，即以前膝攻其後膝，未有不跌出者，此亦棄實擊虛，出其不意。

柔是柔力，是勁，要怎麼動怎麼柔，尤其怎麼站怎麼柔，怎麼樣的姿勢怎麼去柔。不要動，只有柔，動就不柔。

柔中要有意力，好像在用力。柔要合天合地，無作無為，我柔天地同樣可柔，柔要綿綿不可斷，不可稍斷，上以昂首下以足留地以助柔身。

柔力即內勁，是不用力之力。

9/27 —— 身體要成虛實體，要會變換虛實，乃以弱勝強之訣。要你來我往，你剛我柔，你柔我剛，此即為搭手，即為太極。

站樁，不以練腿之硬力為目的，要練柔身，各關節均柔之、放之、鬆之、沉之，如是則腿因受力而發酸痛，腿勁自增，腿勁愈增身亦愈柔，乃是培養內勁。

人猛力衝來，我以向上抱之，則較向後擺為快捷，順其衝來之勢，以扭轉帶脈之意力向上提之。

應大力必以虛實剛柔對待，以虛實擊出。其以大力來時，我明其虛實狀況，始可應用虛實。如其靜而無力，則我以勁引之，使其力出，然後以虛實之法擊之。

如遇高手，要以猝化一陣清風蓋之。或候其猝動之機，於其微動時擊之。此擊只一鬆放即可，切不可真擊。其一動，我即一放是為法，鬆放更要加貼，以胯貼。

檔開至胯至膝至踝以穩勢，鬆放以鬆放檔胯踝為佳，不可只放上身。

推手者，候其始動，搶其先機，制人於閃電之間。

舒胸下腹腹下檔，尾脊鬆垂頂連踵。

胯勢下坐腰自弓，虛實分清求中定。

推手制人先制其意，使其意專注一方，我趁虛擊其弱處。

9/28 —— 人衝擊我，均可用提手上勢擊發，一提再趴彼將跌出。

身似柳絲足盤石時，要使足勁貫頂，全身能柔方可。

練架在擠後回身作按時沒有用嗎？只可後化人勁嗎？不是的，在初回之瞬間即可以雙手提人上升，為極佳之用法，其他回身時均可如此用。如人衝擊我，我即回身上提之，不可水平後拉，若如此彼一定相抗。如上提，彼一定措手不及，且跌倒於不知不覺間。上提時以上抱之意，則腰勁大，且人不知我。

人攻我，用手推我，攻來時我引化去其勁，同時只向人身上貼去，以屈膝蹲身之勢貼去，不可專以化去其勁為足。人攻來，我在化中只管以身向其身上貼膏藥似的，貼時意要長，並以隱身化陣風吹之。或人攻來，我化風抱迎之，因勢而用。

還有人攻來，我以引勁落空之法順勢引化之，引時以臂（或身）粘貼其身，把彼帶走。以腰胯腿等之勁提貼粘提，此全是腰胯勁，切不可用手勁，手只輕粘其身臂，即以腰胯勁順勢引之，而以手輕粘之，以不使其勁脫離。

還有，彼攻來入我之網中，即勢中，我即以勁控制之，我隨時可發，而彼刻刻在恐懼中，此要明生剋，知其虛實，一搭手即入我之勢中，使之退不得、攻不能、站不穩。

此法仍不離使用腰腿之勁，以手輕粘之，不但用腰腿勁，更要用踝旋轉，要全身鬆柔方可粘。

9/29 —— 要前攻時，應以身前心不前之意，則得鬆柔，人不知我，即以身體前進而精神不想前去之意。如反之，以精神去攻而身不去，亦可。但以前者較跟實步穩。

鬆，要鬆胸，脖子先要鬆。要鬆身身要交與皮毛，撤離筋骨。放就是放開筋骨，交與皮毛。胯檔不但鬆放，更要會應用，應用得靈活，其根本是在求中定，全心全意以意注胯檔膝踵之應用。練還是在練心中運作之法，使之習慣。粘人時全心全意用內勁來粘，不用手。

你想要，我就順勢送，如你要給，我就順勢接，接過來。送要向彼身上送，接不要接到自己身上來，要側移之，並以向上抱（提）之勢。

蹲身屈膝腰弓坐，是立身的基本法則。

轉腰只是單純平轉一定轉不好，要在轉時加以坐勢，則穩實圓順。如以雲手試就可以證明，加以坐勢則可得機。

9/30 —— 站，心想肩比肘低，三坐（胯、腰、腕三

坐），然後屈膝蹲身，百會、脖子一放，全身已鬆。

胯腰一坐身蹲屈，身似柳絲足盤石。

全心貫注彼動靜，引進落空保自身。

擺人手只是粘到，要用足拔其足，以用虛處為佳。擺時手一定要輕粘住對方，並要乘勢旋身，即以練架時之旋身坐胯融入其中，彼勁來時，我放而提抱之。

不論外感內變，動時只要放就已動了，不可自動。哪有動移？落放而已！

一落便抱，一抱便提。

氣旋不停，踵頂相連。

瀟灑自在，落落大方。

拙窘全消，氣不稍滯。

活潑虛靈，神敏似電。

落不離氣，氣不離落。

其實一有抱提即有落放。足氣非常重要，練時以假想正要拔足快跑之意，吸收地氣流旋。落放是腰胯一放，勁即下落。

氣全部在下盤運轉，不要在上。由臍至仙骨至踵，運下半身循環。

29、何為太極勁？太極勁即內勁，內勁柔中寓剛，剛中寓柔，內有太極，所以陳品三氏云：「不能以柔言，亦不能以剛言，故直以太極言之」。所以內勁乃太極勁，而能為太極拳之體。

30、拳術都要求快，但太極拳打得很慢，一般都覺得難成拳術，但不知慢是太極拳的寶。太極拳是內家拳與外家拳不同，外家拳是求肢體動作，故求快，太極拳則修內在之功，以心神修練意氣勁，是不可能快的，愈慢心愈靜，神愈敏，意愈專，氣愈足，這非先天之能，是後天的修為之功，要有後天的傳習，而能既是拳術，又是養生之功，是文化瑰寶。看起來雖是很慢，但用時快捷無比，只是一般往往把太極拳看成是一個肢體動作，所以認為慢而不能使用。外在肢體動作實與太極拳是全無相干的，完全是不同的兩件事。

10/1 —— 吹人如一吹不倒，即要變換方向角度再吹之，不可吹不出還要吹。吹不出是相接的機勢沒有接妥。

要順人之勢，才能知人之動，知人之情，才能借人之力，才能引進落空。

提人上升雖不能完成，但其勁已顯，吹其實處或虛處發，見機而行。

化人之擊不可用動身，落放胯就是，只有落放，哪裡有動！落放而使身隨其力向而移，我則乘勢吹其身，為一氣貫串，不可分行。

其實人力一來，我即落而吹之，豈不更乾脆！

順勢發人之半途中，如有阻滯，猝然改以吹之吸之，或即刻另找別勢發之。

在適當機勢，於其虛處下按，不一定用上提，下按時也要勢順，不用手勁，按其胯有時會下跌，故勁不一定要往前打出。

雙手按來，我以臂於其臂內側平行相對按去，即兩人勁成相反方向前進之平行線，則可全化清其來勁，我勁則擊之而出。或大力按來時，我以與彼勁平行之勁，由其一側攻之，亦為一法。其如正面攻來，我不用兩側都平行進擊，而用一側之勁攻之，即你來我往，不相頂，如雙軌鐵路，各走各的線。

正面大力推我，我明其勁路（隊形似的），轉向其勁路之側擊出，即借人之力，即避其實，擊其虛。此要搶在其始動之點時即進，不老不嫩。

勁來時不僅聽來勁前端之頭，要聽其線，猶如軍隊排之隊伍，它一定有個路線。它來時不要只吸，要引其落空，以弱擊強，以巧剋拙。

10/2 —— 應大力要找其虛，虛在哪裡？實線以外全是虛。力來我不宜直接對頂，先順其來力，引其前進，遇有阻滯，即沿實線一旁撫去，能透徹其虛實，明生剋為要事。

主宰於腰係用腰主宰腿及腳，非主宰上身。手指與下盤配合一氣。

讓其加之於我之力全落於地，我身與之相接很輕是為法。

向下按時不可按其實，要沿其虛線下按，其即坐跌，並不是不可向下打，打其實處，是自己不對。

10/3 —— 動時心中始終保持準備動之心，不可稍斷。應人之動亦以準備動之心，我以準備之心到底，即可

保持鬆柔，並有內勁。

10/4 —— 足中氣要充足，移動攻化時足氣易浮，要使足氣充足乃能立身穩，故踵頂相連很重要。注意動時，尤其在急動大動時，勿使足氣消失。

氣由頂通至足，以踵頂相連為之，使足氣穩實。

每次攻擊人時，均以氣由足跟提上，對手即浮，於吹吸人時也用此法。

每動均由踵吸地氣而上，以頂引之上，足中氣仍要保持充足。

動時踵氣消失，乃由於胯未落之故，如胯落（動時）氣即充於足。故「胯落氣充踵」即等於是「兩腿躺地眠」、「兩腿柔似棉」、「胯柔身便柔」、「頂頭引踵氣」，都不離以足吸引地氣為動之源。

10/5 ——「**身似柳絲足盤石**」，以塌踝使足似倒扣荷葉貼地，氣沉於腳為穩，勁要由脊貫小腿前側，踝塌荷葉扣（倒扣於地）。

「以靜制動」，以站正靜待人來攻之想，毫無攻意，心中快速靈化，但此心態實隱含引發氣勁之心，與其說是靈化，不如說是在造機造勢，氣往下行，隱而不讓人知，上身全空。

10/6 哪裡是動，氣向下貫於足而已，如是足不離地。肢體之動，實要臀底配合胯之扭轉，始可一動全動。

用臀配合一胯扭旋身自動，打拳時注意之。方向由腰變化，勁由臀底與胯扭旋，方可有「**其根在腳，發於腿，主宰於腰**」。

足落地似鈎，鈎住地。

身要能使用手，手極柔極柔，身似風。

力由柔中取，勝由敗中得。

動必扭旋，臀先扭先旋，才能周身一家。

與人推手，一遇阻力（其力已有方向），立即改變方向吹抱趴之，方向要對，要順勢。故一遇阻力即可發放，其如有下坐之意，我立即改向下按其一腿，向虛處按。

10/7 —— 由只順人化（捨己從人）改為不只化，而要在順勢化中帶制發方合法。化時以調整腰氣下貫於足為最快。要改化為發為制，化的反應很快，要在化時就發，化即發，發即化，順人即是發，不可只順不發不制，只化不擊。將化與順轉改為發與制，化時反應

很快，化中帶發自然也很快，發時最好化陣風，腰胯化風，快速無比。

在肉體上徹底消極無為（敗）才能鬆，精神上則迅而靈。

受力敗下去時，敗一側，身自會轉，讓敵勁落空。腳中落敗，已無力用，勁反愈大。

以手與人相接相頂到時，以轉圓圈之勢將我手化開，人即跌出，一面轉圓貼去，一面化開相接處，即可發出。

以無力動之心發人較不用此心發人，人還遠出一倍以上，可見柔之為力，此乃勁。

10/8 —— 我提彼不起時，以我足底之氣貫入彼足底而上，彼即被提發，此由於勁的改變，人不知，也就是變換虛實。

先以無力，隨即化風發之。

運勁扭臀時，先以尾閭尖調正角度，否則力會上升至肩。

人愈剛，我以愈柔接之最為有效，不可硬頂。人擊我，我以化為攻，要用柔應之，以柔剋剛。學手不動，下盤動，以兩手懸空不動，以下盤運動，發揮至手。

彼正面攻來，我以落胯化而擴之，反應最快，左右均可。如我右腳在前落右胯，則其更易跌，擴要以我之腳提彼之腳勢猛。

應用時氣充兩腿，上身氣全下於腿，則上空下實，不懼人推。動時氣即下運，不但充實足，更要兩腿充滿氣。放時氣向下經足自上，收時氣由足上吸，一般進時放，退時吸。動時氣易上浮，應注意將氣下注於足於腿及關節內。

10/9 —— 動時以扭踝為上，扭踝身柔體穩。

一切要領均涵蓋在柔身之中，五心相連。各要領均由於身柔而能運用，多柔兩脇（身之兩側）。

10/10 —— 勁由足至手發人足會浮，故要以由足到腰發則足穩，即要用意以腰接到人，非以手接到人，外表看起來接在我手上，內意實接在我腰上。

尾閭尖向地下鑽，及以臀坐地甚重要，前言「臀不離地」即是。

10/11 —— 與人推，其雙手按我肩，我鬆肩固可化

開，但不若不動肩以腰胯化，故不可動肩，還是應該動腰胯。

又與人推，發勁時我以氣從腰脊下行，他就不知我動而已出。如以身之他處發，則其知我在發，故應以氣由腰脊向下貫發，可不為人知。

勁先起於腰胯連及踵，以活之，兼可使全身不亂動，使腰胯好像要離身而去一樣。要作抽筋拔骨之運動，要腰胯動而四肢未動，不可四肢動而腰胯不動。

10/12 ——「神迅似電」，神要注視腰腳，運動是在腰胯，上身靜止隨動，好像兩腿在快跑，非常快。上身勁只通過脊骨，人來力我化時，上身讓腰胯化，上身有動意身即僵。要突出腰椎即要弓腰，特別注意練之。踵頂氣相連，由百會至湧泉，勁與氣一貫。打拳勁不是著於胯，就是著於湧泉。活動腰胯，太極拳乃活動腰胯，卸去肩之力與動之運動也。

勁氣在脊中行，人不知我，故勁走骨中，只打骨架是對的。

10/13 —— 一感頂力即快速以胯擊其虛處，使其措手不及不可遲疑，此即「避實擊虛」。

10/15 —— 以旋勁發力較大，如旋臂、旋臀、旋胯，一感彼頂力即以旋發，此為靈活。

要用化陣風才不致半途用手，否則變化時就要用手。如用化陣風則為用腰胯。

31、太極拳求鬆柔要有其法，並非自己求鬆柔就可以鬆柔。其中沉肩、墜肘、涵胸、拔背、鬆腰、坐胯、虛領頂勁，實太極拳求鬆柔之基本大法。一般學習太極拳只是求姿式動作的如何，只重姿式動作，對此並不重視，甚至完全不知，以致空有形式。如能做到鬆柔，太極拳雖不能至，亦可相去不遠。

32、不能認為會了姿式動作，是會了太極拳，往往有認為姿式動作是太極拳，實是一個天大的誤會。太極拳的本體是內在運作，也就是內勁，外面的姿式只是有如太極拳所穿的一件衣服，任何樣式都可以是衣服，也任何樣式都可以是太極拳的樣式。各家宗師都有明示：太極拳不在外面姿式。

10/16 —— 人力推來，我使之完全落空，其自向前傾，足跟浮起，因其意已向前，有向前之意，不能自主而足浮起。其若向後，我以順其勢扶之發放。

順勢插彼檔靠之，或插其側而搶其後。

以踝旋扭攻發效果大，即以踝旋扭鑽入其內圈發之。

打拳者以運氣為主，乃調身、調息、調心也，內氣配合外身之動。

遇頂抗時，立即以無力溶化其力，使其在不知中後退。如稍有力抗之，則為硬頂，彼反不退。

搶機勢完全在搶自身尾閭中正。

聽勁要聽彼意向，意欲向前、意欲退後等等，能知彼意向，可順勢擊之。能聽彼將要如何，乃知彼之極也。

10/17 —— 教人一感彼有硬頂之力，即以放來消盡彼之頂力後向前攻之，但以消盡頂力為根本，其甚感成效。如無法消盡彼力，則改以側擊之。

將來力以旋扭方式橫撥並加以化吸，則彼必倒。

以臂掤，人不得入，此全為以胯腿勁變化，非用臂。前以手指點住人，其不得脫身，此亦全在以腰胯之變化制之，以此理，自行以此意練習，使腰胯腿極為靈活無滯。

10/18 —— 接昨日，走架時也要練以腰胯對應手上之物。身上各處來物均以腰胯對待之。

10/19 —— 與人試只許腰胯伸縮，他處不許動。動靜分清用以發人非常好（要多練以增加功力），最好腰與胯腿成一氣伸縮，則更有力，但主要由於不習慣，故更要多練。如以腰胯左右側上下相錯，則人往一側倒。如以前後側相錯，則人往後倒，故要練腰胯之運動，但要小心不要扭傷。

10/20 —— 全身不許動，只動腰胯，乃正確之路，日久腰胯腿踝可完整一氣。

10/21 —— 只想腰胯檔之動，三者配合一氣（即前述之三節）。

以腰胯拔人之根，即以腰胯之勁將彼小腿連足一起上提之意，像以尾閭拔鞋跟似的提起，一面提一面化，使彼無從著力。又彼以力加於我身，其力甚明，我以腰胯勁提其根，彼必倒。在彼跟浮之頃，如再有硬力，我用趴弓而發之，或化陣風吹之。

10/22 —— 不動手，主要可動靜不為人知；動了手，手一動，人就知我的動。動腰胯不動手，人就不知我在動。又氣在骨中繞腳而上，亦為隱勁於內，不讓人知。要不動手先要涵胸沉肩，手始不動。故凡動均以涵趴來動，不亂動，由尾閭呼吸，活動胯腰，不可以手動。

故要會運用胯，如以胯提人跟，伸縮旋扭等。要下勝上詐敗。

起飛時，翅為胯非肩，起飛與化陣風互通。

搭手制人，主要找彼身內硬力何在，不要把心意放在搭手處為要。

在走架中鬆拉緊繃之筋肉，練後全身舒暢，對身體有益。或想到打拳只是鬆筋、拔鞋跟、呼吸、放長等而已，不在於外形姿式的如何。如要用手發時，改以肘拔鞋跟或用肩拔均可用，這樣使上下一致，即全身一體。

10/23 —— 以屈膝蹲身、趴腰練小腿並柔身，屈膝不

可少，屈才能使身下沉於腳。

一感彼柔中之僵，即以小鳥啄食之意，以腰脊啄食其僵，此要全身勁一家才可以。啄時要有拔鞋之意。

與人相接，不知對方虛實，無可擊發之時，可以手探彼虛實情況，即以手與彼相接，不可貿然用手制，而是以手接之，以探測其僵勁何在，明其動靜，知其虛實，為推手之要。

「放」在攻化均為必要，尤其在攻發時，若用放，則彼不知我勁而已跌出。

10/24 —— 發人，我完全以放身無發心其出愈遠，可見太極拳以放開身不發之意反為有力，此力即是內勁。發時加以拔鞋跟之意，腳步始穩。

以兩腿柔弱無力之想，則身鬆放，勁氣下沉，此為練體，亦即是在培養內勁。

以臂掤人之攻，要上下一氣以身使臂，心中不可用力。彼來急，我則用虛使彼落空。

10/25 —— 發之意境十分重要，有趴、抱、扶、摸、貼、放、承接、承負、騰挪、拔跟、拔鞋、腰發力、

脊伸縮、落胯、旋踝暗進、上提使其浮起（其衝來，我以上提之意化陣風）、明暗（先明後暗，先實後虛）、引實擊虛、請坐、掀而即發……，凡此皆以放身為本。

用喘氣之狀，則腰氣充足，此時以仙骨呼吸，氣貫於足，流行於脊為要。

走架要以預作下一姿式之意，即下一姿式在前引導，則精神靈活轉動，頭腦清晰。每一動意念均要先完成姿式，不可稍動即止，此為活拳，否則意氣呆滯。

意識導架行，踵頂要相連。
動必先開檔，腰腿求曲伸。
急跑呼吸深，周身柔如棉。
心中要作假，假中乃有真。

運氣要踵頂相連運，效果大。

練拳走架時，以肘為著力點（即不動），較為順。

10/26 —— 推手隨時保住三元（頂、尾閭、踵）之垂直線，並要認真全面徹底，以防人急攻。

足不離地，氣不離足。

10/27 —— 想到制人時常要用到手，不可用手制，要純以扶不可制。與人推以扶提，其即浮，不可用制，用制之心即動了手，為人知。

氣收斂入骨則人不知。於發人時應先將氣收入骨內再發，則出人意外。與人試，人根本不知我勁而稱奇。發人以拔鞋為佳，踵頂相連，發時臂要更柔。

不做凡夫勇，只是浪濤濤。
一波接一波，無止亦無息。
更是暗潮湧，遇阻漩渦生。
雖退猶在進，翻滾任自然。

進退轉動時，意想似遇阻力不得進退，則內氣迴旋，氣走圓形，以鍛鍊內勁。

10/29 —— 力由脊發，以意用脊之力來運行，氣由脊內或兩旁上下運行。

10/30 —— 今日與人試，其向我衝來，我以氣斂入骨求中定發，比我以氣放之為有力。又其力來時，我順

其勢以內氣吸放（呼吸）應之，其順勢而出。如以肢體動作則差之甚大，故用氣，不要用身。又以勁制人時，我所用者全為內勁內氣亦可制住，因而證明，所使用者乃內氣，宜培養內氣，乃能增進功能。

發勁—人攻我不得，彼欲後退時，我如以隨勢進迫，則既慢又不易得勢，此時我應以腰腹或丹田之氣以意下沉之，則向前之勢快而柔，亦可不需待其後退，在彼進勢已停之瞬間下沉，彼亦不可相抗。氣之下沉要直下，不需做前迫之想，或以化陣風、拔鞋等發之。

10/31 —— 推手時以支持己身之力或與彼相持之力猝然放開（則彼已落空），並加以發彼之意，彼必出其不意跌出，所謂拳打不知。

打拳動時先調整內勁，彼稍有微變，我以內勁全盤變動以應之。

欲變外勢，內勁勢要先變，方可順遂。

33、太極拳不在於門派的如何，何況太極拳本只一種，往往受門派觀念所拘，而失去了學習的機會。

34、學習太極拳往往苦於不能鬆柔，這是由於不知內在運作之法而求外面姿式，若求外面姿式，必定一動即僵，還何能鬆柔？知做內在運作之法，才可動而不僵，這也是會不會太極拳的一個區分。

11/1 —— 兩條腿之活動要鍛鍊得靈活、純熟、柔綿，更要順遂穩實。勁要沉於小腿足踝，要隨勢而轉變，由尾閭帶頭順轉。如兩腿未及隨勢轉變，立身則不穩。完全以兩腿隨勢轉動，上盤極柔極柔，身勢有變，兩腿內勁必然隨變，方屬合法。

11/2 —— 接昨日，兩腿勁要靈活，隨勢而變，就是要接受腰之指揮，亦即腰腿完整一氣，以腰為主宰，切不可只腰在化，而腿不隨合。

11/3 —— 搭手時一接手即以下盤化，不可只聽，只做局部化，應該一接觸即以下盤蓄及引，以備發。讓其迫進來，我乘勢蓄勢，引其入我勢輕輕發之，即一接手即作蓄而發之。

如人不前來，我前接彼時不可用腰腿，而要以頂頭懸之勢，以頭頂引身前進，使身為被動，仍可蓄接。如彼乘勢攻我我亦可引化，否則如用腰腿進迫，以主力前進，彼如偷襲，我將失勢。

我乃一彈簧，以靜待彼動。

彼力迫前來，化風使之飛。

我乃一支槍，子彈已上膛。

彼力攻進來，意動即發放。

練腿之柔力要以檔胯似傘撐開似的，才能徹底。此際尾閭鬆開，小腿下段與踝亦鬆開，檔亦已開，由是下盤穩固。

尾閭鬆開乃可使身鬆，此際小腿下部與踝即受力，但不可用力，而要放開。

11/4 —— 推手時要氣斂入骨運行，如運於肌膚，則為人知，所以要氣在骨中行。

推手，功力全在下盤，如人推來我未化盡，全因下盤未化是在頂，要以上盤不動，但用下盤化，可見化時不可意在接處（上盤）化，而要以下盤為主。故功力全在下盤。推手時，彼壓我時，我上盤靜聽而不動，以下盤化之。練架時亦以此法練之。練架即是為推手而練，否則練架之目的何在?

11/5 —— 發時一發打不出去必生頂，正好改為聽問彼之虛實，改以踝踵發彼實處，或在頂時即化風吹之。

11/6 —— 動上身接點乃為亂動，要全用腰胯之伸縮旋扭因應，接點靜止不動，尤要守住脊背不要動，則不令人知，全在腰胯之變動。腰胯之伸縮要與足跟相

連，上連玉枕，前接雙掌。

接來勁以下盤挪移接之，則立身穩實，此即接處不動，接在哪裡就哪裡不動。身要有動與不動之分，靜處要柔，動處要動得大放得開。接到來力，以腰胯挪移化發，則攻守提升何止十倍！

練功—彼以連變攻我，我以下盤連變應化之，練下盤速變之能，此要用屈膝、蹬身、勁沉下盤，腰胯膝踝檔變化無窮。如果勁未下沉腰胯，僅下沉於足，全身固不僵，但無沉胯之勁，立身無所本，應付時要以腰胯與踵連貫一氣方足以應付，否則如全沉於足，僅以足應付，有柔而無剛，發時無法發揮腰胯之力，故多練腰胯下盤轉動，無須上下邊同時練轉動，練腰胯（下盤）之連變連應即可。以往動腿時均使上下一起動，但不如下動上不動，下動時上要一點都不動，兩足有根，兩腿互換，兩胯大開，變化靈活，化來力時即可變換應彼，令其落空。

11/7 —— 與人推用旋轉，一旋足踝，其即跳出，故旋就已動。

與人練以伸縮腰脊，卻是很有用，其推我時，我只心想伸縮腰脊，其就退後，但要全心用腰脊，很純，不可用其他處，純才有效。故平時多注意，多突出腰脊之伸縮。

11/8 —— 哪裡能用動！只是扭脫，扭時以下盤不用上盤，以腰胯來扭，其要點為接點之力，要與足跟相連，中間以腰胯為主扭轉。

要發勁擊人時，反要以不想發之意勁才大，於是身手就柔而無力，故要用反向的，用假發非真發，總之越輕越有力，此乃勁。例如用氣擊發，或以化陣風，向內吸，以消極之想法都可以，即可令人不知。

其實以消極之想打拳就能極柔，乃是棄力而不用，故柔。

要求柔身，攻化要以腰胯處理，有柔乃有內勁。

要用大腳拇指之勁，足始穩，要培養之。

練太極拳者乃伸縮放大全身筋肉，以伸縮腰胯為主，心中不可有動意，動則足浮身僵，伸縮則足踏實而能身柔。伸縮之勁應以下動上，始可伸縮透徹。

推手時接點不動，下盤化時如何才能靈活？用動膝動胯均不若腰胯之伸縮來得好，一伸縮胯膝均動。

11/9 —— 發時以氣由手下沉於腿方合法，不可有推意，使手柔，即可全用腰胯扭動伸縮。自覺可發處，就不可發，他處均可，所謂「原路不發」。

腰胯伸縮加以趴，則氣貫足，手自柔。

發人以腰椎伸縮，手上氣勁全貫落於腳，其險些跌倒，有恐怖感，稱越輕力越大，實是勁越大。

發勁者，將手勁下落於足也。

伸縮與旋扭之關係，為伸縮帶動旋扭，旋扭產生伸縮，即以旋扭來伸縮，以伸縮來旋扭，二者為一體方可運轉自如，以腰胯為主體，擴散至全身。

發勁是以上柔下，腰椎比做頸脖，如龜鶴伸頸，足如鈎，緊鈎於地。

化亦可以上柔下，運動時可以氣在脊骨上下呼吸，則很順暢，氣可連及尾閭。

11/10 —— 化人來勁自應以調整腰胯為之，接觸點不動為靜，如以接觸點化，化接點，則只走了接點走不了下盤，有時連接點都走不了，所謂逃得了和尚，逃不了廟。用腰胯化，乃可全體化開，或以足踝扭旋均甚佳，妙乃妙在受壓處靜止不動，即接觸點靜止不動，只是下盤節節鬆放開，以腰胯為主宰。故練拳時

要練下盤節節放了，一旦壓力來，下盤即放，以尾閭尖帶領來動，彼自不敢進。

守住按兵不動，以意使上身內氣向湧泉相接連，想動之處不可動，全身節節放開，下盤自會動。

塔尖（勁之頂尖）與踵二點相連一線，塔尖在腰椎上找定一點，或在接觸點隨機而定，此時可氣行脊椎貫通全身，並拉長筋肉。

腰胯可做伸旋運行，以伸縮生旋扭，以旋扭助伸縮，此為極佳之運動。以伸縮旋扭配合，始可全身順遂。

動時不亂動，必以腰胯來動，鎖定塔尖與踵相連，伸縮旋扭檔胯似張傘似的，一切動都要貫通掌指，將來力以及己力均收歸下盤。可多練拉筋，使血骨神經都在活動。

結論：以伸縮腰胯為主，帶動全身（尤其下盤）旋扭勁氣貫於掌指，拉長筋肉，處處放開。鎖定金字塔尖與踵相接，氣行脊中通達各處，腰胯似張傘，以上柔下，將來力與己力收藏於腿、足，尾閭尖先行。

發勁以塔尖或脊椎上一點與踵相連。發時以拉放點與踵間之線，用以上柔下之心，則發之勁上下一致，以腰胯伸縮之勁拉放二點。（塔尖或脊椎上一點與踵一點）

11/11 —— 續昨日之意，不可只能動就算，自己本會動的動是亂動，要以腰胯腿來動，在動時帶有作假（做樣子）之意，使手、臂之力完全入於腿。

發時以腰胯發勁為佳，要想到全身每個細胞都動員。

伸縮旋扭時不但全身不自動，要連腰椎之伸縮，身體之旋扭都沒有做，只是氣勁的運作，如此身始柔，氣方順。

化時縮短兩點間距離，發時放長兩點間距離，兩點是身上任何適用之兩點，此即氣勁的伸與縮，此際自己卻不可想動或做預備動，更不可有發放之意，即完全不可自動。

打拳本來就不是動的，動是指自己本來會動的動，動要有章法，是後天學習的太極拳。

將全身四肢所出來之力全部收入脊骨，故全身四肢不可有力，不可動，全部充入脊骨，在脊骨中上下運行，或由頂至踵通過脊成上下一線運行，其要者為一切動與力都不可有，全部收入脊骨，用伸縮旋扭來動。

伸有時用拔長腰椎尾閭更順。用腰胯動，身不動不變方有柔。

11/12 —— 凡動都作以上柔下想，足踝、小腿不是靜止的，不是因求穩而靜止的，而是靈動活潑，始可靈動應對外來攻擊，其動是內在氣勁在動。

以手搭人身，其必然知道而躲避，故此處不能擊之，不但不能擊，而且更要毫無動靜，而要以腰腳對準其重心擊之，擊其全體，而非局部，則彼無有不出。待其僵硬而明其重心，我則在接觸中毫不令其知悉，則出其不意，避實擊虛，此即人不知我，我獨知人。或明其僵力之角度，擊其虛處，其必惶恐不已跌出，我則完全動靜分明，靜者接點，動者乃腰腿，拔其跟，擊其重心，即擊其全身。

11/13 ——

1、早晨起來隨便動一動時，一般都是先擺起手來，這是先天自然之反應，非練拳之法，應該要動腳才對。腳在地總是靜止不動，要使之動，凡動時都要有先以意向腳借力而動。

2、動時要以調整腰胯而動，上身不使有窘態，永遠落落大方，但仍要以腰胯配合上下才能連貫一致，才有力量，如只有伸旋而無調整，則難柔。

3、動時常會肩上下動，以鑽翻可避之。鑽翻是以兩

胯代兩肩而動。

肩要動時即鑽翻，消化來侵足先應。

向前鑽翻要用趴，接處不動他處旋。

以上柔下發勁猛，一切全在意氣行。

上盤不動下盤動，化發順暢人難攻。

4、立身要保持可以腰胯旋轉巨輪之勢。

5、對來力之反應要先柔腳，變化腳勁乃快速。

11/14 ——

1、人推來，我以接處不動，以下盤轉圈擺之，則其雙腳離地向我後側跌出。

2、教人推我，待覺得以手有力壓我時改以扶心，則使我跌出，可見勁不令人知之猛。

3、完全以意打，全體力放開效果最大，亦即用意不用力之證明。用意不用力所生之力，即是內勁。

11/15 —— 想動時即不想動，但仍在動，此際已將外力化為內勁。

想到自己是彈簧，內勁即有如彈簧，剛中寓柔，柔中寓剛。

11/16 —— 補手，右手按彼左肩，彼向左後化轉，實處在左，此際我以左手加扶其右肩，彼未有不跌出者。同樣可以此意用於各處，如彼按我左處，我以左處為根，加右手攻其中線，彼亦跌出，是為補手。

11/17 —— 肩要動時即用動胯解之。或用縮腰椎，凡動就用腰椎向下縮，肩自不動，肩是不可自動的。使全身全無有感覺處，即全身透空。

◎從今開始，完全「**以運氣養氣為本**」而練。

氣充腿足。腫頂相連。
尾閭先調。臀部旋扭。
以臍呼吸。全體無力。
神清氣斂。動用扭旋。
昂首扭踝。氣貫於掌。
行氣為本。臀不離地。

發時手上之力全貫於腿。

【第四冊結束】*1995*年*8*月*21*日~*1995*年*11*月*17*日筆記
※陳傳龍於*2017*年*10*月重新修潤整理完畢。

35、無疑的，學習太極拳在於求其真，能有真，才有真正的價值與意義，這不但關係著自己的得失，更關係著太極拳的推廣與傳承，太極拳的真在於宗師之言及經譜歌訣。

36、太極拳是看不見的，看得見的是外面的形狀姿式，心中運作的內在之功是看不見的。所以先輩陳品三氏云：「拳在我心」，又云：「自古太極皆如此，何須身外妄營求！」實是真灼之言，值得認真正視。

37、太極拳是求返璞歸真，太極拳不可用力即是求返璞歸真的修為。人的肢體一定要用力才能產生作用，不用力是求拋棄有形的肢體之能不用，更要求靜，求以靜制動，更是放棄了思想面的能力，完全放棄了先天本有之能不用。所以太極拳本是道家的修為之術，但又如何能產生作用而為拳術？這是太極拳的奧妙。人體不用力而能產生內勁，內勁是不用力之力，太極拳能養生益壽又能是拳術，全根於內勁。

胯動萬法備——

因為怕跌倒，身上就用了力，這時候只要使出胯力動胯就行了，因為心中使出胯力，身就柔軟了，腳上也就有根了（腳上有力了），胯動應萬變。

腳上要有根，與胯力結合一氣。努力用腰胯把腳上的力使出來。

不要用肢體應對，一切想到動胯就好，心中把周身力全集中在胯。發時切不可用手在實處衝出去（愚），而是要用小腿把彼小腿吸回來（智）。

只要能胯使力，用胯，其他鬆、柔等一切要求也就自然上身了。

自動的意識千萬不能跑出來。一有，身就僵，只要動胯就好，要無為身才不僵，也就是返璞歸真。動胯也是佔勢，在背勢時，扭動胯就可轉背為順，勢是取勝的關鍵。

全用胯動來救自己，一切的毛病都是因為自己的亂動。胯使力，體跟著會柔軟。動胯就可產生內動，可帶動裡面筋脈整體動，而產生沾連粘隨勁。

只求胯動，身不動，就可全身透空，太極拳是求無，以無打有。

無就是空、無為。只求胯動，其他自動一概不可產生，方有功效。尾閭為立身的主軸，不可自己亂動，雖動仍要有定力方可。

遇到很有力量的對手，彼的力有個架構，我就在架構旁邊攻過去，或鑽空隙而進。像水一樣的流過去，化彼力於無形。進時宜用胯力，不可用手力。用手必為人知，用胯乃可人不知。

心裡也不能想著放鬆，一想又僵了。要鬆，心中就要什麼都不管。

無為、無事，全心透空。有鬆的想法也還是有僵。

胯動，讓自己的意識能力全都在發揮胯動的能量帶動周身筋骨，以能產生內在的沾連粘隨勁。

動胯，帶動周身筋脈動，就產生沾連粘隨，要能自己感覺出來。

要動，就用胯帶動周身沾連粘隨。

總之，太極拳只要能知用胯動，就已涵蓋了一切要領方法，其他要求只是局部的，用胯是全面性的。大家細心研悟。

2016年8月9日 —陳傳龍上課講授

| 眾妙之門・上卷 | 2

太極拳透視

作　　者｜陳傳龍
發 行 人｜曾文龍
總 編 輯｜黃珍映
文字繕校｜林燦螢、黃珍映、薛明貞、尤雨婷、沈盈良、鄭秀藝
美術設計｜劉基吉
圖片攝影｜吳文淇
出版發行｜金大鼎文化出版有限公司
臺北市 10688 大安區忠孝東路 4 段 60 號 8 樓
網　址：http://www.bigsun.com.tw
出版登記：行政院新聞局局版北市業字第 200 號
郵政劃撥：18856448 號／金大鼎文化出版有限公司
電　話：(02) 2721-9527　傳　真：(02) 2781-3202
製版印刷｜威創彩藝印製有限公司
總 經 銷｜旭昇圖書有限公司
地址：新北市中和區中山路 2 段 352 號 2 樓
電話：(02) 2245-1480

◆ 2023 年 1 月 第 2 版　◆ 定價 / 平裝 新臺幣 350 元
◆ ISBN 978-986-92310-4-6

國家圖書館出版品預行編目（CIP）資料

太極拳透視 : 眾妙之門 . 上卷 / 陳傳龍著 . -- 第 1 版 . -- 臺北市 : 金大鼎文化 , 2018.01
冊 ; 公分
ISBN 978-986-92310-3-9(第 1 冊 : 平裝). --
ISBN 978-986-92310-4-6(第 2 冊 : 平裝). --
ISBN 978-986-92310-5-3(第 3 冊 : 平裝)

1. 太極拳

528.972　　106016658